# SUR
# JAMES JOYCE

Eugène Jolas

sur

# JAMES JOYCE

Présentation et traduction de Marc Dachy

Seize planches hors-texte

Plon

Plon, 8, rue Garancière, 75006 Paris.
ISBN 2-259-02127-1

# SOMMAIRE

Marc Dachy

# *Jolas-Joyce*

## *Une amitié dans la tour de Babel*

En avril 1927, voit le jour à Paris le premier numéro d'une petite revue de langue anglaise intitulée *transition*. La présentation en est sobre, le papier modeste. Elle deviendra progressivement LA revue de la colonie anglo-saxonne de Paris et l'une des grandes revues de la modernité internationale. Le sommaire en est prestigieux puisqu'il s'ouvre à la fois sur les pages inaugurales de *Work in Progress*[1] de James Joyce et sur l'un des textes majeurs de Gertrude Stein, « An Elucidation ».

Si la publication des fragments de *Finnegans Wake* est pour beaucoup dans le retentissement de *transition* dans le monde entier, si la revue est entièrement acquise au combat mené par Joyce et à la « révolution du mot » telle que l'entend Eugène Jolas, son rôle sera toutefois plus large encore. Symbole et point de ralliement de la « génération perdue » (suivant la fameuse formule de Gertrude Stein rapportée par Hemingway) en exil, *transition* publie nombre de jeunes écrivains de langue anglaise et des premiers textes tout en donnant à lire au public anglo-saxon des traductions généralement dues à son fondateur et rédacteur en chef, Eugène Jolas.

Ainsi la revue révèle-t-elle Kafka au public de langue anglaise par les traductions du *Procès* et de la *Lettre au Père* et publie-t-elle des extraits de livres de Breton *(L'Amour Fou, Nadja, Introduction au Discours sur le peu de réalité)* de même que *Hands Off Love,* le manifeste rédigé par les surréalistes en faveur de Charlie Chaplin au moment où ce dernier est en butte au puritanisme américain. La revue publie aussi les premiers textes de Samuel Beckett, de Dylan Thomas ou « Le Pont » de Hart Crane.

Fait remarquable à un moment où le surréalisme s'affirme à Paris sur les décombres de Dada, Eugène Jolas est captivé par les dadaïstes, en particulier par les protagonistes allemands (Hugo Ball, Hans Arp) du noyau zurichois, ainsi que par Kurt Schwitters, « dissident » de Dada, fondateur de son propre mouvement, Merz. Jolas traduit des textes, poèmes et déclarations théoriques de Hugo Ball, Jean Arp et Kurt Schwitters auxquels il tient d'autant plus qu'ils participent, au premier titre, à cette « révolution du mot ». Jolas, en outre, est certainement l'un des premiers, avec Carola Giedion-Welcker, à voir plus qu'une coïncidence dans le fait que Zurich abrita la création d'*Ulysse* et la naissance de Dada.

Eugène Jolas (1894-1952) était à l'origine un jeune journaliste, correspondant à Paris du *Chicago Tribune,* publié à New York. Né aux Etats-Unis de parents lorrains, il a vécu d'abord en Lorraine, à Forbach, jusqu'à l'âge de quinze ans avant de regagner New York. A vingt-neuf ans il revient à Forbach puis monte à Paris. C'est de Paris qu'en 1924, il collabore au supplément dominical (Sunday Magazine Section) de ce journal, où une page entière lui était réservée, faite de notes sur la vie des lettres intitulées « Rambles through literary Paris [2] ».

Jolas est alors un jeune reporter de trente ans, sensible et attentif aux enjeux du débat littéraire à un moment important dans l'histoire de l'art moderne, la fin des années vingt, époque qui procède déjà à une mise en ordre après la succession des avant-gardes. En tant que revue des années trente, et non des années vingt, *transition* fait preuve d'une belle détermination. Eugène Jolas, Elliot Paul et Maria Jolas ne concèdent rien à la régression et à la répression qui s'amorcent. Au contraire, *transition* s'avère un lieu particulièrement vivant et stimulant. Jolas propose une perspective active, redonnant élan et sens à tout ce qui a été produit dans l'effervescence des années dix et vingt. La revue ne vient pas conclure, elle entend prolonger avec enthousiasme les acquis et, d'abord, les faire connaître.

Nul doute que Joyce, pris dans la rédaction de son magnum opus, *Work in Progress,* ne devint dans pareille entreprise une figure majeure, un allié et un aîné. En outre, nombre de circonstances de la vie du jeune poète et journaliste Eugène Jolas — l'exil, le plurilinguisme, le désir d'une transformation de la langue — appelaient une rencontre avec l'écrivain irlandais. Dans une brève déclaration autobiographique, Jolas témoigne à la fois de son attachement au journalisme et de la nécessité de réinventer un langage que le dadaïste

Hugo Ball avait défini comme « dévasté par le journalisme » :

« Nous vivons sous le signe de la Tour de Babel. Les mots qui servent à la communication sont désormais désuets, l'expression littéraire s'use et mène à la confusion.

« Notre ami et maître James Joyce a tenté avant la guerre d'y trouver une solution personnelle. La revue *transition* que j'ai fondée en 1927 et dont j'ai poursuivi la publication jusqu'à la déclaration de guerre fut un laboratoire linguistique où j'ai voulu ouvrir de nouveaux horizons. Il s'agissait d'une expansion du langage, de l'invention d'une langue nouvelle. J'y ai publié des poèmes sonores, multilingues, des poèmes dans un langage nocturne. Le langage, selon les théories alors énoncées, devait devenir magie, incantation, liturgie. Dans un recueil de poèmes, *Mots-déluge,* toutes ces expérimentations se mêlaient.

« *Finnegans Wake* est resté sans successeur. A l'exception de quelques épigones qui inventèrent des noms résonnants, il n'y eut rien. Toute ma vie a été consacrée au travail de reportage. Et c'est dans ma révolte contre la banalité des mots dont je disposais en tant que reporter en Amérique et en Europe que j'ai puisé l'impératif catégorique de la recherche d'un principe unificateur. Je le cherche encore.

« Comme reporter, j'ai travaillé pour des journaux en Amérique et en Europe, dans les trois langues qui m'étaient familières ou qui l'étaient devenues au cours des années. Mon expérience des mots fut toujours assez insolite et me mena dans le sens de l'invention. Bien que né aux Etats-Unis de parents immigrants, j'ai passé les premières quinze années de ma vie en pays lorrain. Là, en zone frontalière, où les patois germaniques et français se faisaient la guerre, j'ai assimilé les deux manières de parler. Quand j'ai émigré ou plutôt réémigré dans mon pays natal, il me fallut apprendre l'anglais dans le creuset de la ville de New York. Comme les Américains de ma génération, j'ai fait une foule de métiers tout en intégrant le riche vocabulaire de la langue américaine. L'anglais devint pour longtemps ma principale façon de m'exprimer. Mais le métier auquel j'aspirais le plus était celui de journaliste.

« C'était du journalisme de reportage dans une grande ville industrielle avec ses cheminées d'usine, dans les cinq comtés de New York, à la Nouvelle Orléans, et ailleurs dans le sud des Etats-Unis au sein de rédactions de langue américaine un peu partout, dans un journal de langue allemande établi en Pennsylvanie, avec une agence de langue française à New York, enfin comme reporter à Paris pour un journal américain. Au cours de la dernière guerre, j'ai poursuivi activement mon métier de journaliste aux Etats-Unis, en Grande-Bretagne, en France et finalement en Allemagne d'où je viens de rentrer.

« Toutes ces activités me maintenaient dans une langue dynamique, dans la proximité de millions de mots allemands, français, anglais, et pour finir je sentis dans mon propre sang la grande crise du langage.

« Mon premier recueil de poèmes s'intitulait INK et traduisait l'ambiance de la vie de reporter dans les villes américaines. Avant de fonder *transition* à Paris, j'étais reporter et chef des informations du *Chicago Tribune* travaillant dans les bureaux de l'ancien *Petit Journal,* rue Lafayette.

Au début de *transition* je n'engageai que des journalistes comme assistants parce que je considérais le journalisme d'information comme une vraie base d'action dans la sphère de la littérature créatrice. Dans ce but nous présentions *Finnegans Wake* de James Joyce par fragments que nous travaillions avec Mr Joyce chaque fois qu'il désirait en publier. Nous donnions les premières traductions des surréalistes (Breton, Eluard, Péret, etc.), Saint-John Perse, Léon-Paul Fargue, et beaucoup d'autres poètes français. Nous traduisions — les premiers en anglais — Kafka et d'autres. Mais nous nous intéressions surtout à ce que j'appelais la *révolution du mot.* »

La rencontre avec James Joyce catalyse un tel sentiment. Comme l'écrit très justement Howard Greenfeld : « Joyce in his writings and bold experimentation was expressing Jolas's own thoughts, and the two became close friends » [3]. Ce n'est pas seulement l'homme qu'il découvre — dont il deviendra l'un des proches — mais une œuvre dont il sera le premier lecteur et plus que l'éditeur, l'un des collaborateurs, comme on le verra dans ces pages.

Dans son recueil de poèmes, *Mots-déluge (hypnologues)*, Jolas mêle en 1933 toutes ses expérimentations. Ses trois langues s'y imbriquent au sein de poèmes en prose. Il y écrit notamment : « Je ne vous entends plus / Crétinards des isolations grammaticales / Vous zézayez vos métaphores pourries / Vous bavez vos mots gangrenés / Vos innombrables mots de romanciers / Vos mots de boutiquiers / (...) Nous voulons chanter de nouveau / Nous voulons chanter des hymnes aux mots nouveaux... » (p. 203).

Suivant son habitude, Joyce résume en ironisant dans un petit « limerick » affectueux : « Ce génial poetriarche Uge (Eugène) / Dans les grands mots trouve refuge / Les tristes gémissent Hélas ! / Les jeunes se réjoyssent avec Jolas : / Prenez tous vos billets ! Après mot, le déluge. »

Quoi qu'on en ait dit, bien qu'elle ne fût que peu liée d'amitié avec Eugène et Maria Jolas, pas du tout avec Joyce, mais plutôt avec Elliot Paul, Gertrude Stein disputait à Joyce la position de personnalité majeure dans la révolution du mot. Nombre de ses grands textes sont publiés par *transition* jusqu'à ce qu'en 1934 *L'Autobiographie d'Alice Toklas* soit à l'origine d'un différend public entre Gertrude Stein et *transition*[4].

Reporter, Jolas entretient son lecteur américain du mérite de Valery Larbaud d'avoir introduit en France le « Balzac hispanique », Ramón Gómez de la Serna. Il fait déjà état dans ses articles de préoccupations qu'il manifestera avec acuité dans *transition* en montrant une attention précise et généreuse à toutes les initiatives modernes encore nombreuses à l'époque. En fondant sa revue, il délaisse son rôle de témoin passif pour intervenir avec enthousiasme et en personne dans la vie littéraire.

Nombre d'années avant les remarques exprimées par Jean Dubuffet (et, dans une moindre mesure, par Breton) sur l'art des aliénés, mais quelques mois avant la célèbre « Lettre » d'Artaud il donne un compte rendu passionné de la publication d'œuvres de patients : « a brutal directness showing the complete psychic emancipation of the artists »[5]. Comme Breton à Saint-Dizier avait pu observer les délires de soldats revenus du front, aux Etats-Unis, pendant son service militaire, secrétaire d'un psychiatre aux armées, Jolas s'était penché de près sur les écrits de certains « malades » mentaux. Plus tard, dans *transition,* il publiera des écrits de schizophrènes et des dessins venus de la célèbre collection de Prinzhorn, l'auteur de *Bildnerei des Geisteskranken*[6]. La chose, à l'époque, n'est pas courante et témoigne de l'envergure intellectuelle de *transition,* prête à aborder de face et intégralement la question du langage.

La première année, douze numéros sont publiés. La revue est d'apparence modeste, celle d'une revue expérimentale disposant de ses seuls moyens. « Certains collaborateurs refusaient d'être payés, rapporte Maria Jolas, et certains, parfois, comme Harry Crosby et James Sweeney, aidèrent à régler des factures quand nos finances étaient trop basses »[7].

C'est ultérieurement que Léger, Miró, Duchamp (le célèbre peigne : *3 ou 4 gouttes de hauteur n'ont rien à faire avec la sauvagerie*) feront des couvertures en couleurs pour des numéros de *transition* devenus rares et recherchés depuis. La parution devient ensuite trimestrielle jusqu'en 1932 quand l'édition en est réalisée à La Haye par

The Servire Press. Dès 1929, une grande maison sanctionne le travail de la revue en republiant aux Etats-Unis un choix de textes dans un volume anthologique appelé *Transition stories*[8]. En 1935, en raison du départ de Jolas pour les Etats-Unis, deux numéros paraissent à New York. A son retour à Paris, Eugène Jolas fait paraître un ultime numéro en 1938, le vingt-septième, avec une couverture de Kandinsky.

Le conflit mondial sépare les amis. Jolas gagne les Etats-Unis où le rejoint sa famille en septembre 1940. De son côté, Joyce, qui avec sa femme avait retrouvé au début de l'année Maria Jolas à Saint-Gérand-le-Puy (où s'était repliée l'« Ecole Bilingue de Neuilly » qu'elle avait fondée), retourne à Zurich, son havre de grâce depuis la Première Guerre mondiale, où il meurt en 1941 sans avoir revu Jolas.

Les archives de *transition,* laissées à Neuilly, devaient être dispersées dans une vente publique. Personne ne fut en mesure de les sauver. Paul Léon, qui lui-même avait pu mettre en sécurité les papiers de Joyce, devait être déporté comme juif et mourir en 1942.

Pendant la guerre, et jusqu'au printemps 1947, Eugène Jolas travaille activement à l'« Office of War Information » d'abord à New York, puis à Londres et dans la France libérée. De 1945 à 1947, il est « chief editor » de l'agence de presse DANA[9] en Allemagne occupée, à Bad Nauheim près de Francfort, une agence importante comparable à l'AFP. En janvier 1945, il dépend d'une unité dite « Psychological Warfare Division » qui fonde le premier nouveau journal allemand, le *Aachener Nachrichten*[10], puis participe à la fondation de *Die Wandlung* (été 1945)[11]. Le rôle, et la passion de Jolas, captivé par le journalisme comme on l'a vu, est d'y « dénazifier la langue allemande », langue de sa prime enfance en Lorraine, et d'enseigner aux jeunes journalistes allemands un travail objectif, impartial et exact.

Dans le même temps, l'ascendant de Jolas est tel qu'il sera, au cours de cette tâche, à l'origine de deux brefs essais sur Joyce écrits par l'un de ses collaborateurs de l'agence, Leon Edel, avec lequel il noue une amitié.

« Jolas et moi, écrit Edel, travaillions ensemble à Bad Nauheim, essayant de faire revivre une presse démocratique en Allemagne, et durant nos longues soirées d'hiver à l'hôtel Bristol, nous parlions souvent du créateur d'*Ulysse* et *Finnegans Wake*. Je pense que Jolas, lui-même un homme d'intense imagination, en quête de symboles cosmiques et de mythes, et doué d'un étrange don d'élocution trilingue, n'aimait pas la façon dont les gens lui imposaient de force le sujet Joyce. Il avait vécu près de Joyce trop longtemps, et trop proche à son avis, pour le voir objectivement. Il avait tenté ces dernières années de se dégager, lui, du fantôme de Joyce. N'empêche, il y avait ces moments où des assauts de souvenirs lui revenaient : alors Gene Jolas se rappelait incidents et détails pour redonner vie à des jours à jamais disparus, toujours vivants dans ses pensées » [12].

La revue *transition* n'était pas seulement dévolue à Joyce : elle a publié un éventail très large d'écrivains et d'artistes. Outre les noms déjà cités, il faut rappeler les collaborations de Albers, Arp, Kay Boyle, Erskine Caldwell, Marcel Duchamp, Paul Eluard, Carl Einstein, André Gide, Ernest Hemingway, Valery Larbaud, Michel Leiris, Ludwig Lewison, Archibald MacLeish, Henri Michaux, Mondrian, Moholy-Nagy, Katherine Ann

Porter, Picabia, Picasso, Jean Paulhan, Raymond Queneau, Raymond Roussel, Philippe Soupault, Carl Sternheim, Jean Wahl et bien d'autres encore.

Enfin, la revue ne se limite pas à une seule conception de l'art moderne. Les collaborations d'artistes comme Gertrude Stein, Mondrian ou Moholy-Nagy, c'est-à-dire de tendance constructiviste, montrent que Jolas a la palette large, à un moment où le surréalisme tend à occulter des pans entiers de l'innovation picturale. Il crée en outre dans sa revue des rubriques laboratoires, « œil », « oreille », « architecture », « vertigral », « paramythes », « interracial » propres à dynamiser l'événement artistique, à mettre en relief dans chaque discipline une énergie et une autonomie théorique propres.

A cet égard, *transition* constitue un modèle de revue, une création en soi, dont Jolas accentua la portée en rédigeant d'importants manifestes directement axés sur une autonomie de la langue.

Après le conflit mondial, en 1947, les temps accusent les atrocités du génocide et de la guerre.

Le climat artistique est, comme l'on sait, bouleversé de fond en comble. Joyce est mort. Jolas s'est beaucoup consacré aux autres. N'avait-il pas commencé par être un jeune poète ? Son recueil, *Cinéma,* avait paru en 1926, préfacé par Sherwood Anderson, à New York. Il décide de passer la main à son ami le critique d'art Georges Duthuit pour se consacrer à son œuvre propre : la rédaction d'une autobiographie, *Man from Babel,* une œuvre poétique habitée par un puissant lyrisme, une grande émotion devant l'univers à refaire.

En septembre 1947, il est décidé entre Georges Duthuit, Eugène Jolas, Marguerite Matisse-Duthuit et Maria Jolas, d'entreprendre une nouvelle série « dans le même esprit et sous la même forme qu'autrefois »[13].

Cette nouvelle série prend un tour résolument différent de la première puisqu'elle épouse le nouveau climat parisien en se proposant de « présenter en langue anglaise les éléments les plus intéressants de la vie intellectuelle française », notamment en traduisant des articles parus dans *Les Temps Modernes* (Sartre), *Fontaine* (Max-Pol Fouchet), *Critique* (Georges Bataille).

La revue publie des textes de Char, Pichette, Malraux, Breton, Artaud, Sartre, Beckett, Duthuit et Charles Estienne. Dans le troisième numéro (1948) paraissent surtout des essais, d'Aimé Patri sur Malcolm de Chazal, de Duthuit sur Sartre, de Tzara sur le Douanier Rousseau, de Maurice Saillet sur Artaud, de René Leibowitz et Boris de Schloezer sur Bela Bartok, ainsi qu'un texte d'Artaud : *Les Nouvelles Révélations de l'Etre.* Dans les numéros suivants, des textes de Gide, Michaux, Romain Weingaerten, un « apoème » de Pichette, des articles de Nadeau sur Bataille, de Saillet sur Saint-John Perse. En 1949, le cinquième numéro présente une couverture différente, due à Matisse, des masques tracés en quelques traits noirs sur fond jaune[14]. Ce numéro est essentiellement axé sur la peinture (notamment avec un texte de Ponge sur Braque). En 1950, le sixième numéro compte des collaborations de Gracq, Reverdy, Waldberg, Schneider, Ponge, Duthuit, et d'Emmanuel Bove. Ensuite, la revue cesse de paraître.

De retour en France, Jolas rédige ses Mémoires *(Man from Babel)* et poursuit un texte de souvenirs plus particulièrement consacré à Joyce dont il donne un bref extrait à Seon Givens[15] en 1948. C'est ce texte, resté inédit depuis et inconnu des biographes de Joyce, que nous donnons aujourd'hui à lire.

Eugène Jolas meurt en 1952, laissant d'importants poèmes inédits, dont certains écrits directement en français. Peu avant sa disparition, il consacre des articles à Novalis et à Trakl dans la revue *Critique,* effectuant un nouveau retour vers l'une de ses deux langues « maternelles », cette langue allemande qu'il a eu pour tâche de dénazifier et avec laquelle il renoue par le biais de la grande poésie romantique qu'il n'a, à vrai dire, jamais délaissée, même dans son laboratoire linguistique.

Marc Dachy

1. *Work in Progress,* titre de *Finnegans Wake* pendant l'écriture du livre.

2. Les archives de Maria Jolas comportent les numéros qui s'étendent de mai à novembre 1924. Nous n'avons pas entrepris de recherches pour savoir si cette collaboration, sortant de notre sujet, avait été plus étendue. Nos remerciements vont à à Betsy et Tina Jolas, qui nous ont ouvert les archives de leur mère Maria Jolas, ainsi qu'à Gisèle Freund.

3. Howard Greenfeld, *They Came to Paris,* New York, Crown Publishers, p. 141.

4. En février 1935, la revue *transition* publia sous forme de fascicule (supplément au n° 23, 1934-1935) un *Testimony against Gertrude Stein* à la suite de la parution de *L'Autobiographie d'Alice B. Toklas,* 1933. Le contact entre Gertrude Stein et *transition* était Elliot Paul, cofondateur de la revue, journaliste, de sorte qu'il est le seul évoqué par Gertrude Stein au titre de la revue et que son rôle s'en est trouvé exagérément rendu, notamment aux yeux d'Eugène et Maria Jolas. Dans cette publication, Georges Braque, Eugène Jolas, Maria Jolas, Henri Matisse, André Salmon et Tristan Tzara rectifient avec humeur certaines assertions les concernant dans *L'Autobiographie.* On doit à Gertrude Stein un portrait d'Eugène Jolas dans *Portraits and Prayers* (1934), intitulé « A Play without roses ».

5. « Art and the Lunatic Asylum », *The Chicago Tribune,* Sunday Magazine Section, n° 25, August 3, 1924, p. 2. La note concernait la publication par Max Nordau dans *les Feuilles libres* d'œuvres réalisées par des patients de l'asile Saint-Luc à Pau. Jolas ajoutait que les patients faisaient preuve de suffisamment de qualités enfantines pour reproduire ou conserver des réactions élémentaires dans la vie.

6. Prinzhorn : *Bildnerei des Geisteskranken,* 1922. Paru en France chez Gallimard sous le titre *Expressions de la folie,* 1984.

7. Citation extraite des Mémoires inédits de Maria Jolas (1893-1987). Parmi les multiples activités de Maria Jolas, retenons qu'elle a traduit une grande partie de l'œuvre de Nathalie Sarraute en américain, ainsi que nombre d'autres auteurs parmi lesquels Gaston Bachelard.

8. Le choix, effectué par Eugène Jolas et Robert Sage, comprenant vingt-trois auteurs présentés dans l'ordre alphabétique, fut publié chez Walter V. McKee. L'ensemble était

dédié à leur ami Elliot Paul qui avait été recruté comme « associate editor » par Jolas parmi ses confrères du *Chicago Tribune* et qui, à son heure, s'éloigna en toute amitié de *transition.*

9. Deutsche Allgemeine Nachrichten Agentur. En 1946, il y était « chief scrutiny officer ». Les renseignements relatifs à cette agence nous ont été communiqués par M. Johannes Schmitz, Munich, auteur d'un ouvrage à paraître *Dana/Dena - Nachrichten Agentur in der amerikanisch besetzten Zone Deutschlands (1945-1949)* que nous remercions.

10. Premier numéro : 24 janvier 1945.

11. Mensuel publié par Dolf Sternberger et le philosophe Karl Jaspers, entre autres.

12. Leon Edel, « James Joyce : The Last Journey », New York, 1947, pp. 21-22. Voir aussi *Stuff of Sleep Dreams. Experiments in Literary Psychology,* New York, 1982. Leon Edel est plus connu depuis pour sa biographie de Henry James qui a obtenu le Prix Pulitzer. Un ouvrage a été consacré à Leon Edel par Lyall H. Powers (Iowa, UMI Research Press, 1987).

13. Deux collections furent toutefois esquissées par Jolas. La première intitulée *Mythamorphoses* prévoit des poèmes de Jean Wahl, un choix de « néologistes » de *transition,* une anthologie verticaliste, un ensemble de poètes eschatologiques et, enfin, de poètes français mystiques (de Boschère, Cayrol, Pierre Emmanuel, Max Jacob, Pierre Jean Jouve, La Tour du Pin, Péguy, Reverdy). Une autre collection dite *Panromantiques* confirme la passion de Jolas pour les romantiques. Elle prévoit la traduction des *Chimères* de Gérard de Nerval, des *Hymnes à la Nuit* de Novalis, d'*Axel* de Villiers de l'Isle Adam, ainsi que de textes de Jean-Paul, Achim von Arnim, et d'un ouvrage de J.G. Hamann *(Métacritique du langage).*

14. Compte tenu de l'importance de Joyce dans l'histoire

de *transition* et de Matisse pour les éditeurs de la seconde série, il n'est pas inutile de rappeler la divergence née entre Joyce et Matisse à l'occasion d'une édition à tirage limité d'*Ulysse,* illustrée par le peintre. Dans le même temps où Joyce se souciait de ce que Matisse fût informé de détails relatifs à Dublin, le peintre achevait son travail sans avoir lu le livre, s'étant contenté d'une promenade en mer, et de l'*Odyssée* telle qu'il la connaissait. Le volume fut imprimé par The Limited Edition Club, New York, avec dix eaux-fortes hors texte et vingt reproductions d'études sur papiers de couleur en 1935.

15. Seon Givens, *Two Decades of Criticism,* 1948.

Eugène Jolas

## *JAMES JOYCE*

Quand je rencontrai Joyce pour la première fois, en 1924, il était déjà auréolé par la célébrité d'*Ulysse*. C'est à un dîner donné en l'honneur de Valery Larbaud au restaurant « Marguéry » que Sylvia Beach me présenta à l'écrivain irlandais et à Mrs Joyce. Le banquet était assez lugubre, même si le Tout-Paris littéraire s'y trouvait pour rendre hommage à l'auteur de *Barnabooth*. Paul Morand leva un toast au maître, mais son discours ne me parvint que par bribes, en raison du bruit fait par les plus bouillants des jeunes écrivains américains présents, parmi lesquels Robert McAlmon. En fait, le seul speech pas trop ennuyeux, à mon sens, fut celui de Gérard Bauer, le feuilletoniste bien connu. Tout cela avait le caractère un peu froid, la structure bien cartésienne de la meilleure prose française, et soulignait l'art délicat de Larbaud.

James Joyce était assis calmement à l'une des petites tables et semblait assez loin de cette réunion si urbaine d'hommes de lettres, même s'il gardait une affection personnelle pour l'invité d'honneur et n'oubliait pas l'aide que lui avait apportée Larbaud à son arrivée à Paris. Parce que c'était Larbaud qui avait introduit Joyce en France. Quand la première version d'*Ulysses* parut dans la *Little Review* il insista pour en traduire un fragment, et c'est lui qui présenta le poète irlandais au public français dans la boutique de Mademoiselle Monnier, rue de l'Odéon. Il entreprit en outre de revoir la traduction française par Auguste Morel du livre entier, tâche à laquelle se consacra également Stuart Gilbert par la suite.

Cette première rencontre avec Joyce allait être suivie ultérieurement de nombreuses années d'étroite amitié, mais ce soir-là déjà je fus immédiatement conquis par sa courtoisie d'antan et par son charme irlandais. Ayant écrit peu auparavant quelque chose à son sujet, que je pensais relativement inadéquat dans mes « Rambles through Literary Paris », je fus étonné d'entendre Joyce me remercier de mon intérêt pour son œuvre. Jeune reporter, j'envisageai immédiatement la possibilité d'une interview et je fus assez naïf pour croire qu'il pourrait consentir à une telle épreuve.

De fait, je lui demandai de but en blanc, avec mon culot de reporter d'alors, si je pouvais l'interviewer. Entendant cela, Sylvia, en face de moi, prit un air horrifié et fit plusieurs gestes de négation de sorte que je compris que je venais de commettre un lèse-Dedalus et me désistai. Parce qu'apparemment Joyce avait pour principe de ne pas donner d'entretien et même le journaliste littéraire français Frédéric Lefèvre, qui l'avait sollicité et auquel peu résistaient, avait été obligé d'admettre son échec.

Après cette première rencontre je vis fréquemment Joyce, mais je ne fis vraiment sa connaissance que quelques années plus tard, quand je commençai *transition* avec Elliot Paul. Je lus *Ulysses* dans l'édition de Sylvia Beach avec grand intérêt, et son audace dans le traitement de la langue me fascinait, étant moi-même en état d'insurrection personnelle contre les conventions de la syntaxe et du vocabulaire. Cette nuit au dîner Larbaud, Mademoiselle Adrienne Monnier, qui publia la traduction française d'*Ulysses,* m'avait confié qu'un fragment de la dernière œuvre de Joyce, encore sans titre, serait publié dans une revue à paraître sous l'égide de Valery Larbaud. La revue s'appellerait *Le Navire d'argent.*

Après le banquet, je fus invité par Valery Larbaud à rejoindre son groupe au « Fantasio », un café de Montmartre. Nombre de ses amis y étaient et je fus amusé d'entendre de jeunes Françaises en extase l'appeler « Cher Maître ». Comme nous regardions les gens danser, il nous parla de sa collection de soldats en étain et nous invita tous à venir le voir mettre en branle les manœuvres de ses robots martiaux miniatures. J'interrogeai Larbaud sur sa passion de globe-trotter, puisqu'il était l'auteur des *Poésies de A.O. Barnabooth,* poème épique français d'un voyageur humaniste, recueil assez proche de Whitman. Ses yeux brillaient de passion en parlant mais il me raconta qu'à présent il faisait des « voyages littéraires ». Linguiste remarquable, il écrivait des « Lettres de Paris » directement en espagnol pour *La Nación* de Buenos Aires.

James Joyce montrait le chemin. Dans son *Work in Progress,* il bâtissait une immense élégie de la pensée nocturne, une création où, en une grandiose transformation, la nuit ancestrale venait se marier avec la nuit individuelle et moderne. Nous vivions dans le monde nocturne, parce qu'il transposait non seulement le mythe de Finn McCool mais tous les mythes du monde : les mythes bibliques du péché, de la culpabilité et des ténèbres, de la libido, de l'apocalypse et tant d'autres. L'exemple de Joyce constituait un accostage titanique pour nous. A son côté, nous allions sans crainte dans ce périple à travers la *Nox*, cheminant du crépuscule à l'aurore.

Un dimanche après-midi, à la fin de 1926, Joyce nous invita, Miss Beach, Mademoiselle Monnier, Paul, Maria et moi-même chez lui, square Robiac, à venir l'écouter lire les pages d'ouverture de son manuscrit, qui parurent ensuite dans le premier numéro de *transition*. Il lut avec une voix bien modulée, musicale, et le sourire lui venait aux lèvres quand il arrivait à un passage particulièrement gai. Nous fûmes éblouis par le caractère révolutionnaire de ce fragment. Après qu'il eut fini, il nous demanda à chacun séparément : « Qu'en pensez-vous ? ». Il n'y avait pas grand-chose à dire. Il était évident que nous étions en face d'une œuvre littéraire unique, devant laquelle devaient être abandonnés tous les critères critiques habituels. Joyce avait apparemment trouvé une solution au problème de langage qui était le sien et c'était aussi une solution applicable uniquement à l'anglais, auquel il conférait une qualité polysynthétique. Alors que la technique du « monologue intérieur » dans *Ulysse* avait suscité nombre d'imitateurs enthousiastes quant au recours au « stream of consciousness », la nouvelle œuvre était basée surtout sur le « stream of the subconscious ».

Ce souci de la pensée nocturne devait susciter une violente diatribe contre *transition* par Wyndham Lewis, l'écrivain britannique père du mouvement vorticiste. Lewis publia deux livres, *Time and the Western Man* et *The Diabolical Principle,* dans lesquels il versait presque dans l'hystérie au sujet du travail de *transition.* Il nous dénonça comme surréalistes et même comme communistes, oubliant que *transition* publiait aussi bien des écrivains expressionnistes que des dadaïstes et futuristes. Il attaquait particulièrement Joyce qui lui répondit par une allégorie à la manière d'Esope dans *Work in Progress : The Ondt and the Gracehoper.*

Durant l'été 1927, Joyce me laissa lire son

manuscrit entier. Il ne faisait pas plus de cent vingt pages, et avait été écrit, disait-il, en quelques semaines lors d'un séjour sur la Riviera en 1922. Tel, il était complet, organiquement comprimé, contenant la ligne directrice de toute la saga. Même le titre était déjà choisi, indiqua-t-il, mais seuls lui et Mrs Joyce le connaissaient. C'était encore une version primitive, dans laquelle il avait déjà commencé à inclure d'innombrables paragraphes, phrases et mots seuls. Un jour de confidence, il me raconta quelques détails quant à la genèse de l'idée. Son amie et admiratrice, Miss Harriet Weaver — qui, quelques années auparavant, comme un Mécène d'un autre âge, avait permis à l'écrivain en lutte d'être débarrassé de soucis financiers — lui avait demandé un jour quel livre il projetait d'écrire après *Ulysse*. Il répondit que maintenant qu'*Ulysse* était terminé, il se considérait au chômage. « Je suis comme un tailleur qui voudrait s'essayer la main à un nouveau genre de costume, ajouta-t-il, voulez-vous passer une commande ? » Quelques semaines plus tard Miss Weaver lui remit un fascicule écrit par un curé de village et comportant la description de la tombe d'un géant découverte sur le terrain de la paroisse. « Pourquoi ne pas tenter l'histoire de ce géant ? » lui suggéra-t-elle. Cette narration géante devait devenir en fin de compte l'histoire de Finn McCool, ou *Finnegans Wake*.

Les premiers numéros de *transition* contenant des pré-publications de ce qui était alors connu sous le nom de *Work in Progress* — Joyce me raconta que ce titre provisoire avait été trouvé par Ford Madox Ford, qui en avait publié un fragment dans sa *Transatlantic Review* — déclenchèrent une ribambelle de rumeurs sensationnelles sur plusieurs continents. Les critiques en France, Angleterre et aux États-Unis exhalèrent, pour la plupart, leur violente désapprobation. Miss Weaver elle-même fut citée pour avoir exprimé la crainte que Joyce ne gaspillât son génie, fait qui perturba profondément Joyce puisque, après tout, c'est pour elle que travaillait le « tailleur ». Son ami Valery Larbaud dit qu'il considérait l'œuvre comme un « divertissement philologique » sans grande importance dans l'évolution créatrice de Joyce. H.G. Wells déclara qu'il avait un grand nombre de livres à écrire devant lui et ne pouvait prendre le temps de déchiffrer les expérimentations de Joyce. Ezra Pound, après avoir émis l'opinion que *Work in Progress* lui rappelait la description d'une maladie vénérienne, lui conseilla de reléguer le manuscrit dans son album de famille avec ses poésies. Joyce en fut blessé, et comme Pound venait de faire l'éloge des poèmes d'un poète américain nommé Dunning, Joyce acheta un exemplaire du livre en question, pour voir à quoi cela ressemblait. « Si ce sont là les conceptions de Pound sur la poésie, me dit-il, je suis à l'aise. » Avec le temps, les réactions à *Work in Progress* furent de plus en plus véhémentes, y compris contre lui à titre personnel, et dans l'ensemble, journalistiquement stéréotypées. Joyce continua de travailler à sa vision.

Durant plusieurs jours chaque mois Saint-Dizier devint notre quartier général temporaire. Là Paul et moi nous installions dans une petite pièce mise à notre disposition par l'imprimeur, et nous ne partions pas avant que le bon à tirer ne fût remis. L'imprimerie Bruillard était dans la même famille depuis plusieurs générations, et il y régnait une ambiance posée et paternelle. Tous nos imprimeurs étaient français, ce qui bien entendu compliquait beaucoup les choses et notre prote particulier — un petit homme sec nommé Monsieur Noël, dont Paul faisait « Père Noël » —

s'inquiétait sans arrêt des modifications sans nombre que nous faisions souvent à la dernière minute.

D'ordinaire tout allait bien jusqu'à ce que les épreuves finales de *Work in Progress* de James Joyce arrivent de Paris. Une première épreuve sur un papier très large était d'abord tirée, sur laquelle les additions se faisaient sous la direction de Joyce, qui les renvoyait alors à St Dizzier (comme il disait), ressemblant à un rouleau ésotérique. Pour cette partie du travail, les amis de Joyce étaient généralement appelés à déchiffrer les carnets de notes dans lesquels, depuis des années, il avait griffonné ses hardies inventions. Stuart Gilbert, Giorgio Joyce, et plus tard sa femme Helen, Elliot Paul, Padraïc Colum, Thomas Mc Greevy, Samuel Beckett, Paul Léon, Maria et moi-même y participions. Les épreuves partaient et revenaient chaque fois avec de nouvelles inventions, jusqu'à ce que le nombre de pages eût doublé. Parce que Joyce improvisait chaque fois que quelque chose d'intéressant lui apparaissait à la lecture, et le cas échéant conservait parfois une coquille ou une erreur typographique si elle satisfaisait son esprit encyclopédique ou son goût des hasards saugrenus.

Parfois, cependant, ses ajouts de dernière minute mettaient à rude épreuve la patience de l'irritable Monsieur Noël — « Joyce alors ! » s'exclamait-il —, tandis que les éditeurs restaient discrètement silencieux. Joyce gloussa quand je lui racontai que son nom était utilisé comme une objurgation. Un jour que je venais de terminer la lecture de la dernière page des épreuves finales et avais donné le bon à tirer, je me sentis fatigué mais heureux qu'un nouveau numéro fût prêt à paraître. J'allai rejoindre Paul au « Café du Commerce », où il était déjà affalé devant un verre chatoyant de ce qu'il avait baptisé un « cocktail de métallurgiste ». (Cette invention de Paul consistait, si je me souviens bien, en généreuses parts de cognac, rhum, armagnac, champagne et un doigt de kirsch alsacien et garantissait pour le moins une extase dionysiaque temporaire.) Comme nous nous installions confortablement, le téléphone sonna et une voix surexcitée annonça qu'un pli exprès assez épais venait d'arriver pour nous de Paris. De retour chez l'imprimeur, nous apprenions que Joyce voulait introduire d'ultimes ajouts, l'un d'eux probablement le plus long qu'il eût jamais inventé, une onomatopée de plus de cinquante lettres exprimant une quinte de toux collective dans une église durant un sermon. Ce fut inclus.

Parfois, Joyce, qui vivait à l'époque square Robiac, sur la rive gauche, montait les quatre volées d'escaliers de notre bureau place des Invalides, pour parler de *Work in Progress* avec ses éditeurs. Il était très anxieux que des gens aiment l'œuvre et parut étonné que les premières réactions fussent pour la plupart négatives. Il regardait attentivement la liste des souscripteurs en France, Angleterre et Irlande, et parfois suggérait des noms pour nos circulaires. Une visite dont je me souviens plus particulièrement eut lieu à l'occasion des funérailles du maréchal Foch. Joyce se tint longuement debout devant la fenêtre, les jumelles à la main, profondément absorbé par le spectacle du cortège des dignitaires quittant les Invalides. Une version mythologique des funérailles d'un autre grand petit homme (HCE) fut incorporée dans *Work in Progress* peu après.

A la demande de Joyce, Paul écrivit un article d'interprétation de *Work in Progress* pour *transition,* et je poursuivis avec un autre. Nous décidâmes ensuite de demander à d'autres sympathisants de la nouvelle œuvre de collaborer avec d'autres nouveaux essais et nous publiâmes donc plusieurs articles relatifs à *Work in Progress* dus à des écrivains de nationalités différentes parmi lesquels William Carlos Williams, Samuel Beckett, Victor Llona, Robert McAlmon, Stuart Gilbert, Robert Sage, Frank Budgen, Marcel Brion, Ernst Robert Curtius. Par la suite, Sylvia Beach mit tous ces essais en forme pour en faire un livre sous le titre *Our Exagmination round his Factification for Incamination of a Work in Progress,* un titre, faut-il le préciser, suggéré par Joyce lui-même. Outre les essais parus dans *transition,* ce volume contenait un article non signé qui fut ajouté pour que, symboliquement, les « disciples » fussent douze.

Pour ceux qui l'ont connu intimement à la fin des années vingt, James Joyce était un homme chaleureux et plein de charme même si, au premier abord, sa personnalité pouvait paraître presque rébarbative. A vrai dire, cela lui prenait toujours un certain temps d'accepter de la camaraderie dans ses relations sociales. D'abord il semblait sur ses gardes, une attitude particulièrement visible après l'explosion de célébrité qui suivit la parution d'*Ulysse*. Ensuite, comme sa tragédie personnelle s'approfondissait, un pessimisme austère et presque inhumain sembla teinter toutes ses relations extérieures et il était capable de vivre dans sa caverne de désespoir avec ce qui paraissait une indifférence impitoyable pour les événements qui ne le touchaient pas directement, ou à travers ses amis, indirectement. Une fois qu'il avait donné son amitié cependant, rien ne pouvait l'écarter de sa fidélité, et il était capable d'une grande délicatesse envers ceux qu'il sentait être ses amis. Il ne fut jamais un homme exubérant, et ses moments de silence et d'introspection pesaient jusque sur son entourage immédiat. Toutefois, il se présentait tôt ou tard une fête, où il se mettait à chanter, ou même danser, et dans ces occasions il montrait fréquemment des éclairs de gaîté et d'esprit qui frôlaient une sorte de délire.

Joyce ne fut jamais d'une conversation facile et avait même une tendance aux déclarations monosyllabiques. Il n'aimait pas non plus qu'on lui posât des questions sur quoi que ce soit. Néanmoins, quand il était en forme, sa conversation, donnée dans le style mollyfluant de Dublin, était un jaillissement de mots, d'idées lumineuses, et dès qu'il abandonnait son isolement anarchique et misanthrope, il pouvait aimer la compagnie de ses amis avec une convivialité qui révélait sa nature profonde. Il évitait tout ésotérisme dans sa conversation. Il ne s'intéressait guère aux relations humaines, au comportement de l'homme, à la pensée de l'homme et ses coutumes. En revanche, l'éventail de sa conversation était étendu : des poèmes prodigieusement retenus par cœur et récités sans faute ; la musique et les musiciens, particulièrement le chant, domaine dans lequel ses connaissances techniques étaient surprenantes ; le théâtre, où ses préférences allaient à Ibsen, Hauptmann, Scribe ; les différentes liturgies ; l'éducation ; l'anthropologie ; la philologie ; certaines sciences, en particulier la physique, la géométrie et les mathématiques. Il était peu intéressé par la politique pure ou l'économie, bien qu'il suivît les événements attentivement et à l'occasion ses commentaires mordants montraient qu'il savait parfaitement tout ce qui se passait.

J'éprouve quelque difficulté à parler de lui, parce qu'il ne cessait de tourner en plaisanterie les articles relatifs à sa vie privée. Il semblait particulièrement sensible à ce qui touchait à l'insistance, la préoccupation, presque macabre, des journalistes pour ses yeux. Un jour que je lui lisais un extrait d'un magazine allemand au sujet de ses habitudes personnelles, il dit : « De quoi parlent-ils ? Quelles fadaises ! » Alors, soudain en allemand, ce qui lui arrivait très rarement, il ajouta : « Es ist eben nichts zu malen. » [Il n'y a vraiment rien à dépeindre.] Durant les treize années de notre association — qui coïncidèrent avec l'écriture de *Work in Progress* ou *Finnegans Wake* — j'eus de nombreuses occasions de constater sa gentillesse, son humour, sa souffrance. Je vis son stoïcisme devant le destin. Je le vis dans des moments d'insouciance et de détresse. En dépit de sa fragilité physique, il y avait une certaine dureté en lui que je pus observer au gré des hauts et bas de sa destinée. Cette ténacité faisait partie intégrante de la sincérité de ses convictions, de son horreur des petites compromissions, de son assurance absolue quant à ses capacités intellectuelles. Son être était condensé, serré et mû par une volonté d'acier. C'était un homme de grande tolérance et il n'admettait pas qu'on dénigre amis ou ennemis en sa présence. Mais il pouvait disqualifier un écrivain, un poète ou un critique qu'il considérait médiocre ou sans intérêt d'une phrase mordante qui ne permettait aucune réplique.

Nous l'avons beaucoup vu durant ces années, puisqu'il préparait chaque fois un fragment de *Work in Progress* pour *transition.* Nous l'aidions dans ses recherches au milieu de ses nombreux carnets de notes qui contenaient de multiples références à insérer dans le texte. Joyce avait inventé un système complexe de symboles, qui lui permettait de glaner les nouveaux mots ou paragraphes qu'il avait écrits et qui se rapportaient aux nombreux personnages du livre. Il y travaillait des semaines entières, souvent tard dans la nuit, avec l'aide de l'un ou l'autre de ses amis. A la fin, l'épreuve donnait l'impression d'avoir été touchée par un mineur aux mains pleines de charbon. Une fois cette tâche accomplie, il dînait dans son restaurant favori, « Les Trianons », près de la gare Montparnasse, dont il aimait l'atmosphère et la cuisine, où il était sûr de trouver un chablis doré et fleuri ou, si la soirée s'annonçait plus gaie que d'ordinaire, un excellent champagne Pommery ou champagne nature. Sa conversation presque toujours chuchotée évitait la moindre nuance scatologique, et si l'un de ses compagnons, un peu plus rabelaisien, se laissait aller à une gauloiserie trop prononcée, il engageait, presque impatiemment, la conversation sur une autre voie. Parfois, il apportait une page qu'il venait d'écrire, et il la donnait à table d'un geste courtois et modeste.

Paris dans les années trente traversait turbulences et métamorphoses. Politiquement le mouvement de gauche était prédominant, et l'agitation sociale des travailleurs menaçait sporadiquement les structures gouvernementales. Venaient s'y ajouter les perturbations causées par le nazisme naissant et les menées fascistes dont les répercussions se faisaient sentir jusque dans la sphère artistique et littéraire.

James Joyce semblait passer au travers de ce tumulte d'une âme égale et stoïque. Son vieux principe : le silence, l'exil et la ruse, lui dictait son imperturbable ligne de conduite. Son imagination créatrice et critique lui permit, en dépit de la tragédie de sa vie de famille, de poursuivre, pierre par pierre, l'édification de sa grande cité-verbe mythique. Nous fûmes très proches durant ces années-là. Sa présence physique et spirituelle dans le Paris troublé de l'époque était pour moi un encouragement et une consolation. Sa propension au comique et ses sorties rabelaisiennes étaient toujours surprenantes ; je me souviens de nombreuses scènes au cours desquelles son chagrin devant la ruine de l'idéal familial se trouvait aussitôt compensé par l'espièglerie irrésistible et l'humour gaélique qui lui étaient propres.

Ses intérêts intellectuels furent toujours universels, encore que les rivières et les océans de l'Irlande provinciale fussent sa principale préoccupation. L'océan — devenu pour lui symbole du père — le retenait particulièrement ; souvent me reviennent en mémoire des scènes du *Portrait* et d'*Ulysse* où la mer joue un rôle central. Il était hanté par l'élément liquide, et proposait souvent en été des excursions le long de la Seine hors de Paris. Parfois nous partions pour Dieppe, sur la Manche, une région qu'il affectionnait plus précisément. Là nous flânions sur la plage et regardions les baigneurs et les bateaux. Un jour nous observâmes sur cette plage une petite troupe de jeunes garçons et filles exécutant une farandole qui enchantait son sens du rite dans la vie ; il était fasciné par ce ton étrange, itératif, et par les rondes rythmées de la danse folklorique.

Un dimanche il insista pour nous emmener à Eu, une petite ville de cette même région de Normandie, où se trouvait la tombe du premier évêque de Dublin, Lawrence O'Toole. C'était une étouffante journée de juillet, et nous arrivâmes exténués dans une voiture que nous avions spécialement louée. Personne en ville ne semblait avoir entendu parler de la tombe du héros irlandais, ni même du fait qu'il serait venu de son île d'émeraude — il y a bien des années — comme missionnaire pour convertir le continent païen. Après une promenade autour de l'église locale, nous apprîmes finalement que dans une aile du bâtiment se trouvaient quelques tombes oubliées et nous descendîmes par des corridors sombres et poussiéreux. Il me fallut mener mon ami à moitié aveugle au travers des ténèbres d'une caverne pour trouver enfin la pierre tombale au milieu d'un tas de squelettes et d'inscriptions. Joyce se tint là dans l'ambiance sépulcrale, méditant intensément, et il resta longtemps silencieux, après quoi nous avons regrimpé vers la surface.

A cette époque j'étais toujours frappé par sa profonde solitude et par son éloignement presque cataleptique de la réalité quotidienne. Plus tard, je découvris qu'il avait incorporé l'expérience d'Eu dans son super-roman.

Joyce était un Irlandais qui s'était révolté contre son pays natal pendant son adolescence, mais qui avait su hausser son héritage irlandais au rang de la littérature européenne. Ses meilleurs amis étaient des Européens du continent : des Français surtout, quelques Américains, de rares Suisses ou Autrichiens, pas plus. Lui, l'iconoclaste littéraire, il appréciait par-dessus tout le fait que certains Français, *érudits, lettrés,* et même des académiciens, fussent désireux de le connaître ; il était heureux en compagnie du romancier néo-romantique Edmond Jaloux, et du critique conservateur Louis Gillet, de l'Académie française, qui en vint à s'intéresser à *Work in Progress.* M. Gillet était le type même de l'intellectuel français laborieux, plutôt protégé, conscient de sa position dans le milieu académique et de son ascendance familiale. Il était le gendre de René Doumic, secrétaire perpétuel de l'Académie française, et avait donc ses entrées dans les cercles littéraires.

C'était un fidèle collaborateur de *La Revue des Deux Mondes* et il fut l'un des premiers à y manifester une admiration sincère pour *Work in Progress* ainsi qu'une compréhension intuitive quasi cartésienne avec certains traits qui m'étonnèrent. Je traduisis son article et il parut dans *transition.* Il y citait en partie une lettre qu'il avait reçue de sir Edmund Gosse, le critique britannique, qui parlait de Joyce en termes insultants. Je donnais un fragment de cette lettre dans un éditorial à l'occasion du cinquantième anniversaire de Joyce ; quand je vis Gillet par la suite il me dit : « Dommage que vous n'ayez pas publié la lettre dans sa totalité. Je vous l'aurais confiée... »

L'intérêt qu'avait suscité *Ulysse* en Amérique ne se reproduisit pas pour *Work in Progress.* A l'exception d'Edmund Wilson et de Padraïc Colum, la critique fut sévère en Amérique ou en Angleterre, et ne portait qu'un mince intérêt à la publication de *Work in Progress* dans *transition.* Il ne fallut pas moins d'une bonne décennie pour que Harry Levin, Joseph Campbell, Henry Morton Robinson commencent à faire une synthèse de l'ample matériel que nous avions fait paraître dans *transition* pendant ces dix années et manifestent quelque intérêt à l'égard de *Work in Progress* — ou *Finnegans Wake* tel qu'on l'appellerait bientôt. Il ne faut pas oublier que publier, comme je le faisais, des fragments de *Work in Progress* ne relevait pas du travail habituel d'un éditeur : prendre le manuscrit achevé et le donner à imprimer.

Dieu sait que nous étions pris dans d'innombrables traductions mais dans le cas de Joyce, cela supposait une collaboration soutenue, de longues conversations, des recherches dans ses carnets de notes hermétiques qu'il ne parvenait pas à déchiffrer en raison de la faiblesse de ses yeux, un travail avec lui à toute heure du jour ou de la nuit. Cela signifiait aussi être à son service pour effectuer diverses tâches de recherche, prendre part à sa vie privée difficile, et répondre pour lui au téléphone.

Nous avions coutume de parler de l'Amérique et Joyce souriait souvent avec indulgence de mon romantisme américain. Il respectait ce romantisme, mais ne le partageait pas. Il ne s'intéressait pas à la civilisation américaine et exposait souvent le point de vue selon lequel l'Amérique ne participait pas d'un univers de création. Il était difficile d'en discuter avec lui ; il éludait et s'enveloppait de silence quand le sujet devenait trop brûlant. Pour lui, il n'y avait pas de mythe en Amérique, même si Mark Twain l'intéressait et le faisait pouffer. La seule fois où je le vis manifester quelque intérêt pour une œuvre américaine, ce fut quand nous vîmes ensemble un ballet russe, et que l'un des ballets était la transposition par Archibald MacLeish d'un incident vécu par les pionniers de l'Ouest. Il détesta la première partie qui était le *Petrouchka* de Stravinsky, mais quand la pièce de MacLeish fut terminée, il applaudit avec son délire coutumier. C'était, pour autant que je m'en souvienne, la saga des travailleurs irlandais et chinois se rencontrant dans le Far West à l'occasion de la jonction de la première ligne de chemin de fer transcontinentale. C'était splendidement interprété et la musique et la danse étaient saisissantes. Nous décidâmes d'envoyer un câble à MacLeish pour lui exprimer notre admiration et il écrivit lui-même le message le lendemain. Il aimait lire le vieux *Chicago Tribune* et il me racontait souvent combien il goûtait un personnage comique appelé *Moon Mulligan.* En tout état de cause, ce sont les Irlandais qui l'intéressaient.

Joyce travaillait toujours à son *magnum opus,* mais avec de grandes difficultés depuis que sa fille, une jeune femme pleine de talent et charmante, âgée d'une vingtaine d'années, avait commencé à montrer des signes inquiétants d'aliénation mentale. Il y avait toujours eu une grande affection entre le père et la fille, et sa maladie se développant sérieusement devint bientôt un cauchemar dont il ne sortirait plus. Lucia, dont le principal intérêt allait au ballet, mais qui avait aussi un vrai talent pour l'art médiéval des lettrines, était « fiancée » avec un jeune ami de la famille, et Joyce avait organisé une célébration informelle de l'événement. Quelques jours plus tard cependant, après avoir annoncé qu'elle devait rompre cet engagement, elle se mit à parler de manière irrationnelle et à montrer des signes d'aberration mentale. A la demande de Joyce, Padraïc et Mary Colum l'invitèrent à leur rendre visite, mais ils s'aperçurent très vite que son cas était bien plus sérieux qu'il n'y avait paru au premier abord.

La mort soudaine de son père, qui était survenue à peine quelques mois auparavant, avait aussi été un choc profond pour Joyce. Il n'avait jamais fait secret de son amour pour son père, et les éléments autobiographiques dans son œuvre le confirment au détour d'allusions symboliques et mythologiques. *Ulysse* était un homme à la recherche de son père et *Finnegans Wake* reprenait le même thème d'une autre façon. Durant cette période il rêva beaucoup de lui, et un soir il me dit soudainement : « J'entends mon père me parler. Je me demande où il est. » Parfois il me contait des histoires relatives à l'humour de son père. Je me souviens de la réaction du vieux gentleman à son portrait par Brancusi, qui consistait principalement en une étude en spirale géométrique de l'oreille. « Eh bien, Jim a beaucoup changé », commenta son père, pince-sans-rire, quand le portrait lui fut montré à Dublin.

Je préparais un nouveau numéro de *transition,* et avais décidé de rendre hommage à Joyce pour son demi-siècle. Entre autres collaborations, j'avais notamment demandé un dessin de lui à l'artiste espagnol César Abin. Le résultat fut une impressionnante étude d'un *homme de lettres* distingué, la plume à la main et ses propres volumes révérencieusement posés à côté de lui. Mais Joyce n'en voulut pas, et insista pour qu'on donne au dessinateur des instructions précises pour le tracé et l'exécution du travail. Il voulait, avant toute chose, ressembler à un point d'interrogation, parce que des amis lui avaient dit, un jour qu'il se tenait méditativement à un coin de rue, qu'il ressemblait à un point d'interrogation. Pendant plus de deux semaines, il fit de nouvelles suggestions jusqu'à ce qu'enfin il fût satisfait. Il demanda à être dessiné avec un vieux chapeau melon élimé, couvert d'une toile d'araignée et portant un ticket sur lequel figurait le nombre fatal « 13 ». Il demanda qu'une étoile lui fût posée sur le bout du nez, en souvenir de la description qu'un critique anglais avait faite de lui comme d'un « comédien au nez bleu » ; que son pied fût périlleusement suspendu à un globe portant le nom de l'Irlande, sur lequel seul Dublin fût visible ; qu'il ait des morceaux de tissus rapiécés aux genoux et que, sortant de ses poches, dépassât le manuscrit d'une chanson intitulée : « Puissé-je mourir en soldat. » Car son « bonheur », son « destin », avait déjà emprunté la voie difficile qu'il ne quitterait plus. Il eut dès cette époque le pressentiment des épreuves immenses qui l'attendaient.

La vie de famille de Joyce avait toujours été heureuse, et son humour en était la preuve naturelle, même s'il s'agissait plutôt de ce qu'André Breton a appelé « humour noir ». La solidité et le ton en étaient élisabéthains. Pendant la crise économique, quand même le gai Paris commença à faire morne figure, Joyce célébra, le même jour, son cinquantième anniversaire et le vingtième anniversaire de la parution d'*Ulysse*. Les deux événements passèrent quasiment inaperçus du monde littéraire qui découvrait le réalisme socialiste et considérait Joyce comme passé de mode. Pour souligner la circonstance nous donnâmes un petit dîner chez nous à Paris, en compagnie de Thomas McGreevy, Samuel Beckett, Lucie et Paul Léon, Moune et Stuart Gilbert, Padraïc et Mary Colum, Helen et Giorgio Joyce et quelques autres. Le gâteau d'anniversaire était décoré d'une habile réplique en sucre d'un exemplaire d'*Ulysse*, avec sa couverture bleue. Invité à découper le gâteau, Joyce le jaugea un instant et dit : « Accipite et manducate ex hoc omnes : Hoc est enim corpus meum. »

A table la conversation vint sur les parlers populaires. Quelqu'un exprima sa réticence à leur sujet et précisa qu'il n'appréciait guère l'adage « In vino veritas », que son expérience lui avait montré être faux et un lieu commun. Joyce approuva chaudement, ajoutant : « Ce devrait être : « in riso veritas », car rien ne nous révèle comme notre rire. » Il était toujours surpris que si peu de gens notent l'élément comique de ses écrits.

Ce fut peu après cet événement qu'il suggéra l'organisation d'un *bal de la purée* — la crise se faisant sentir de plus en plus. La soirée eut lieu en notre maison de Neuilly et nous invitâmes de nombreux amis, parmi lesquels le ténor John Sullivan. Depuis plusieurs années, Joyce pressait tous ses amis d'aller à l'opéra écouter celui qu'il considérait comme la plus belle voix de ténor du monde. Sullivan chanta cette nuit, et sa voix puissante résonna dans toute la maison, enchantant tous ceux qui étaient présents. Le plus heureux des invités était Joyce lui-même, qui finalement entraîna les dames à lui décerner le premier prix pour son costume, celui d'un personnage traditionnel du théâtre irlandais, du nom de *Handy Andy*.

Le médecin conseilla à Joyce d'envoyer Lucia à la montagne, et à sa demande nous l'emmenâmes avec nous pour un séjour que nous avions de toute façon prévu à Feldkirch, petite ville médiévale dans le Vorarlberg, en Autriche, près de la frontière suisse. Ses parents restèrent à Zurich, la théorie du médecin étant que la tension de Joyce pouvait être en partie cause de l'état de sa fille. De fait, l'air de la montagne, l'isolement et le calme parurent lui faire du bien. Elle commença à sourire et fit de longues promenades, toujours accompagnée d'une nurse, toutefois.

Je travaillais beaucoup, et m'attendais à un été fertile. Un jour survint un appel téléphonique de Joyce me demandant de venir à Zurich. Je pris le premier train, et le trouvai en plein désarroi. Il m'expliqua avoir reçu une lettre inquiétante de sa fille et voulait savoir ce que je pensais. Je lui dis qu'elle me semblait vivre calmement, mais que son état n'avait pas vraiment changé. Il fut alors décidé que Mrs Joyce allait m'accompagner en Autriche et qu'il suivrait plus tard, ce qui fut fait.

Ici commence une période tragique. L'état de Lucia s'aggravait de jour en jour, et ses parents étaient tous deux profondément atteints par le tour que prenait sa santé. Ils séjournaient dans un hôtel du centre de la ville près de laquelle nous avions pris une petite maison. Joyce paraissait complètement désorienté par le coup que lui portait le destin.

Il avait cessé d'écrire pendant un temps, en partie en raison de l'inquiétude que lui causait l'état de sa fille, mais aussi en raison de l'inertie causée par la crise. Aussi nous promenions-nous ensemble dans les montagnes, au bord de la rivière Ill et de ses tourbillons, ou nous grimpions dans les forêts à flanc de coteau . Il portait un amour particulier aux montagnes et aux rivières, parce que, disait-il, ces phénomènes survivront quand tous les peuples et leurs gouvernements auront disparu. Encore n'était-il point un romantique de la nature, plutôt un homme de la mégalopolis.

A la tombée du jour, après une sieste, il repartait se promener. Huit heures était le moment qu'il avait fixé depuis belle lurette pour son premier verre de vin de la journée. Cet été il suivit une sorte de rite qui exerçait sur moi une fascination presque grotesque. A sept heures et demie, il se précipitait soudainement à la gare où le fameux « Orient Express » s'arrêtait pour une dizaine de minutes chaque jour. Il se promenait calmement, le long du quai. « Ici, sur ces voies, me dit-il un soir, le sort d'*Ulysse* s'est joué en 1915 ». Il faisait allusion au fait que dans cette très autrichienne ville frontalière un incident de mauvais augure avait presque failli l'empêcher de passer en Suisse pendant la Première Guerre. Enfin, aussitôt le train entré en gare, il se précipitait sur le wagon le plus proche pour observer les inscriptions en français, allemand et yougoslave, promenant ses doigts sensibles sur les lettres de métal, en relief, pour compenser sa mauvaise vue. Alors il me posait des questions au sujet des personnes qui montaient ou descendaient du train, ou il écoutait leurs conversations.

En de tels moments son oreille si sensible à toutes les nuances dialectales allemandes était surprenante. Quand le train reprenait sa route dans la nuit généralement brumeuse, il se tenait sur le quai, chapeau à la main, comme s'il était venu souhaiter bon voyage à un ami cher. A l'approche de huit heures, il sautillait presque jusqu'à l'hôtel, pour sa première dégustation de *tischwein* — ou, comme disait Mrs Joyce, qui estimait la boisson de qualité plutôt inférieure, *dishwine*. Nous passâmes donc un mois d'oisiveté et d'inquiétude. Joyce parlait de l'époque passée en Autriche avant la Première Guerre mondiale et Mrs Joyce avait particulièrement aimé Trieste. Elle disait en riant qu'elle avait aimé l'empereur François-Joseph comme un père, et Joyce se déclarait convaincu que la fédération austro-hongroise avait été l'un des régimes politiques les plus efficaces des temps modernes. Lucia et ses parents parlaient toujours italien entre eux, ce qui donnait à notre petit groupe une trame plurilinguale.

Un jour je dis à Joyce que je préparais un nouveau numéro de *transition,* après une année passée sans rien avoir publié. Ceci devait agir comme un coup de fouet, et il se remit à écrire, parce que, disait-il, il voulait être dans le nouveau numéro. Il s'attaqua au travail avec énergie. « Quelle difficulté de remettre la plume au papier », se plaignit-il un soir. « Ces premières phrases m'ont coûté beaucoup de mal. » Mais progressivement il se remit à la tâche. Ce fragment serait connu plus tard comme *The Mime of Mick, Nick and the Maggies.* Durant les mois qui suivirent, il écrivit l'épisode d'un trait, en dépit de l'anxiété que lui causait la santé de sa fille, et sa propre nervosité croissante. Le soir nous travaillions à son hôtel, et un jour que j'arrivais il me mit en main un feuillet d'une écriture très serrée commençant par les mots suivants : « Every evening at lightning up o'clock sharp and until further notice... » [Chaque soir à l'heure précise où l'on allume et jusqu'à nouvel ordre...] que je dactylographiai pour lui.

Vivant, comme je le faisais, assez près de lui, je percevais comment il captait la *Stimmung* de la petite ville frontalière autrichienne et la transposait, avec son vocabulaire anglais polyglotte, dans l'arrière-plan dublinois qu'il décrivait. C'était la nuit tombante à Feldkirch qu'il évoquait, et la rivière Ill devint la Liffey, et la taverne de cheminots que nous fréquentions au crépuscule fut métamorphosée en pub de Chapelizod où HCE, se tenant derrière le bar, parle son désesperanto avec les consommateurs ivres. J'observai comment il guettait tout le temps la coïncidence des contraires, et un jour, quand je découvris que ᗰ, un signe dans les armoiries du vieux château de Feldberg, était identique au symbole qu'il avait choisi pour le personnage majeur Humphrey Chimpden Earwicker dans son carnet de notes, il en fut très heureux.

Après que quelques pages du « Mime » furent retranscrites, nous commençâmes à regarder dans les carnets de notes, et les additions, prêtes depuis des années pour un texte pas encore écrit, furent de plus en plus nombreuses. Le manuscrit eut bientôt une trentaine de pages et n'était toujours pas terminé. Je lui lisais les nouveaux mots que je découvrais griffonnés dans le carnet et il m'indiquait la place exacte qui était la leur dans le manuscrit dont ils dépendaient.

Joyce ne changeait jamais un mot. De fait il y avait toujours quelque chose d'inévitable, une éruption presque volcanique du choix des premiers mots. En revanche, il ajoutait sans cesse, comme s'il travaillait une mosaïque, enrichissant le motif original d'inventions nouvelles. Ses carnets de notes noirs portaient des titres ésotériques et des signes qu'il avait l'habitude d'utiliser pour désigner les différents personnages de l'histoire.

« Il n'y a vraiment aucune coïncidence dans ce livre », dit-il lors de l'une de nos promenades. « J'aurais facilement pu écrire cette histoire d'une manière traditionnelle... Chaque romancier connaît la recette... Ce n'est pas vraiment difficile de suivre un schéma simple et chronologique... Mais après tout, j'essaye de raconter l'histoire de cette famille de Chapelizod d'une manière nouvelle... Le temps, la rivière et la montagne sont les vrais héros de ce livre... Encore les éléments sont-ils exactement ce dont chaque romancier fait usage : homme et femme, naissance, enfance, nuit, sommeil, mariage, prière, mort... Il n'y a là rien de paradoxal... J'essaye seulement de raconter mon histoire sur plusieurs plans... Avez-vous jamais lu Laurence Sterne ? »

Nous avons lu ensemble la relation par Goethe de son expérience des couleurs, mais finalement il déclara ne rien pouvoir en tirer. Il était intéressé par une version comique de l'essai de théodicée de Leibniz et il me demanda d'obtenir des jésuites de l'endroit, le fameux collège « Stella Matutina », un certain texte augustinien. Nous discutions des théories de Vico sur l'origine du langage et de la conception viconienne de l'évolution cyclique des civilisations naissant les unes des autres comme le phénix de ses cendres. Cela l'obsédait. Il se mit à spéculer à partir de la physique nouvelle et de la théorie de l'univers en expansion. Parfois, en me promenant avec lui, j'étais saisi du sentiment qu'il n'était pas réellement dans une ville autrichienne mais dans son Dublin natal.

Le jeu que les enfants appellent « Les diables et les anges », l'un des thèmes du « Mime », retint longuement son attention. Il se mit à recueillir des chansons enfantines et Maria l'aida de son stock illimité de chansons américaines, françaises, noires et créoles qu'il déformait et intégrait aussitôt dans le cours de son œuvre. Je me souviens d'une vieille chanson allemande « Le Mariage de l'oiseau » dans laquelle

> Der Uhu-hu-hu, der Uhu-hu-hu
> Der machte alle Laden zu...

enchantait son inclination pour la rime de sorte qu'on en trouve trace dans son manuscrit un peu plus tard.

Les noms des enfants l'intéressaient particulièrement et il les collectionnait en quantité : américains, irlandais, britanniques, français et russes. Tina, jouant avec des enfants autrichiens :

Mariechen sass auf einem Stein, einem
Stein, einem Stein,
Mariechen sass auf einem Stein, einem
Stein...

D'une manière ou de l'autre, il absorbait tous ces éléments et les transposait dans son rébus néologique.

Il lisait des ouvrages gnostiques et s'intéressait au contraste manichéen entre la lumière et les ténèbres. La nouvelle de la découverte en Égypte d'anciens manuscrits manichéens l'intéressa. Poursuivant sa quête des contraires dans le sens de Bruno de Nola avec une attention sans faille à l'égard de la vie autour de lui, le vieil érudit jésuite était sérieusement féru des notions théologiques du bien et du mal et il en jouait et les inversait pour en extraire l'humour carnavalesque de la vie. L'architecture rébarbative de la « Stella Matutina » et la présence de nombreux disciples en soutane de saint Ignace de Loyola lui arrachaient des aphorismes goguenards.

Le « Mime » fut achevé à Zurich, après notre retour. En fin d'après-midi Joyce et moi prenions souvent un canot à moteur pour faire un tour sur le lac. Ou alors nous allions nous promener sur la colline près du Zoo, où un soir il me récita le magnifique nocturne de Phoenix Park avec la magie verbale du tapage des animaux qui s'évanouissait dans la nuit tombante. Il venait de le terminer, et semblait heureux du résultat. Joyce avait un amour particulier pour Zurich, ses rivières et montagnes, son lac, sa vie bien ordonnée. Avant le repas il aimait se promener le long de la Bahnhofstrasse si animée, qui part de la gare jusqu'au lac. En de tels moments il était toujours très calme et songeur et je me souviens qu'il nous arrivait parfois de nous promener une heure sans que l'un d'entre nous dise un mot.

D'ordinaire, il déjeunait dans un restaurant végétarien où les légumes étaient servis camouflés en mets de viande, ce qui l'amusait toujours beaucoup. Il connaissait tous les plats suisse-allemands et il en recommandait chaleureusement quelques-uns. Mais dans la soirée rien ne pouvait le sortir du « Kronenhalle », qu'il préférait maintenant au coloré « Zum Pfauen » qui avait été son *stammlokal* pendant la Première Guerre, et où il avait l'habitude de rencontrer ses amis. Le

« Kronenhalle » était près du lac, et la cuisine et la cave y étaient excellents. Il était très amateur de *fendant,* vin suisse du Valais, et en buvait rarement un autre. Il ne regardait pas la carte des vins rouges qu'il trouvait « désagréables au palais ». Il disait que le vin blanc avait quelque chose d'électrique que tous les vins auraient dû avoir et sur ce point nous étions complètement d'accord ; toute ma vie, j'ai préféré les vins blancs du Rhin ou d'Alsace aux rouges. Ses vins favoris étaient : fendant suisse, riesling alsacien ou traminer, niersteiner ou un âcre vin de Moselle, un chablis français ou du champagne nature.

Notre ami, le Dr Siegfried Giedion et sa femme, Carola Giedion-Welcker, nous invitaient souvent dans leur villa ultra-moderne, où nous passions de délicieuses soirées. Il y avait là d'autres amis des Joyce : le professeur Bernard Fehr, de l'université de Zurich ; le Dr Borach, l'un de ses élèves anglais durant la Première Guerre mondiale, qui est mort dans un accident d'automobile voici quelques années ; et Edouard Brauchbar. Ce dernier avait apparemment servi de modèle pour le personnage de Bloom dans *Ulysse.* Puis Frank Budgen, qui décrivait si brillamment l'époque des soirées au

« Pfauen », quand le Dublinois travaillait à *Ulysse*. Avec ses amis suisses, Joyce n'abandonnait pas totalement une certaine réserve qui lui était si caractéristique. Il aimait les Suisses et leurs coutumes, mais en était toujours un rien amusé.

Je me souviens qu'à l'occasion d'une autre de mes visites avec lui à Zurich, la *Neue Zuercher Zeitung* publia des extraits du journal du Dr Borach : des notes que Borach avait prises de ses conversations avec son professeur pendant la Première Guerre, avec citations *verbatim*. Joyce en fut un peu choqué, n'aimant guère être cité aux fins de publication. Il ne donna jamais d'interview, et la chose était devenue source de plaisanterie dans les cercles littéraires parisiens que même Frédéric Lefèvre, le journaliste diabolique des *Nouvelles Littéraires*, n'arriva guère à vaincre la résistance de Joyce sur ce point. Joyce pardonna cependant à Borach car il avait une grande loyauté dans les amitiés anciennes.

Pendant que nous étions à Zurich, une coupure de presse arriva d'un critique britannique qui écrivait que Joyce tentait de refaire la langue mineure utilisée par Swift pour *Stella*. « Pas du tout », commenta Joyce, « j'utilise une langue majeure », et il ajoutait : « j'ai découvert que je peux faire tout ce que je veux avec la langue ». Sa mémoire linguistique était extraordinaire et il semblait constamment aux aguets, écoutant plus qu'il ne parlait. « Vraiment, ce n'est pas moi qui écris ce livre extraordinaire », disait-il plaisamment. « C'est vous et vous et vous et cette fille là-bas et cet homme dans le coin ».

Un jour je le retrouvai dans un salon de thé riant calmement pour lui-même. « Avez-vous gagné le *gros lot ?* » lui demandai-je. Il m'expliqua qu'il venait de demander à la serveuse un verre de lemon squash [citronnade]. La jeune fille un peu obtuse parut intriguée. Puis elle eut une inspiration : « Oh, vous voulez dire lebensquatsch ? », bégaya-t-elle. (Son néologisme allemand pourrait se traduire par : la sottise de la vie.) Joyce se souvenait de toutes ces bribes de conversation, des syllabes qui se perdent, prononcées dans des moments d'inertie ou de fatigue, des *jeux de mots,* des mots déformés par l'alcool, de la langue qui fourche — de toutes les fantaisies ou énormités verbales qu'il entendait dire autour de lui inconsciemment.

Lucia était en observation dans un hôpital et il appelait différents psychiatres avec lesquels il avait de longues discussions sur la nature de ses tendances paranoïdes. Il refusait d'admettre qu'elle était incurable et persista à donner une explication rationnelle aux lettres fantastiques riches en images freudiennes qu'elle lui remettait régulièrement. Il consulta le Dr C. G. Jung parmi d'autres, mais il n'accepta pas son diagnostic pessimiste.

Je venais à son hôtel, Bahnhofstrasse, ou alors il venait se promener jusqu'à ma chambre meublée Freienstrasse et nous travaillions plusieurs heures dans l'après-midi. Sa malle était bourrée de manuscrits et de livres et il me demandait de lire d'étranges ouvrages peu courants, de science, philosophie, philologie, psychologie et de lui donner un résumé du contenu. Ou alors il me demandait de lui lire un livre à haute voix. Je me souviens lui avoir lu l'ouvrage allemand de Mauthner sur le langage, et il était très intéressé par certaines de ses conclusions qui lui semblaient s'accorder avec les siennes. Il s'allongeait sur le divan, ses jambes fragiles se mêlant inextricablement en l'air, prenant constamment des notes, gesticulant. Il retenait de nombreux mots qui trouvaient leur place quelque part dans son tissu romanesque.

Joyce avait une grande aversion pour les phrases toutes faites et particulièrement pour l'essentiel du vocabulaire médical moderne. Quand quelqu'un utilisait devant lui des mots du lexique psychanalytique, il se montrait irrité, et avec une certaine ostentation reprenait en exprimant la même chose avec d'autres mots. Ceci était dans la ligne de son indifférence pour l'école de pensée psychanalytique. Il en était averti, Zurich étant alors le centre des recherches en psychologie et l'on y suivait les péripéties de la guerre qui opposait Freud et Jung. A Zurich, je lui lus un article sur *Ulysse* par Jung, mais il sourit avec acidité quand j'arrivai au passage où le Docteur confessait son ennui à la lecture du récit de Herr Joyce. Par la suite Jung devait écrire une lettre au sujet d'*Ulysse* dans laquelle il clamait son admiration pour la connaissance des femmes manifestée par Joyce. Le « Rev. Dr Jung », comme il appelait le distingué psychologue, lui paraissait moins une figure avec laquelle il fallait compter que le Dr Freud, qu'il n'acceptait pas vraiment non plus, mais dont il admirait néanmoins le génie pionnier.

L'histoire de l'homme, avec ses rêves, légendes et mythes, était le point de mire de la vision joycienne. Donc, d'un côté le langage abandonnait ses contraintes logiques mais permettait toujours une appréhension consciente. Le sens habituel des mots était détruit par ce procédé révolutionnaire. C'est une grande métamorphose verbale qui l'intéressait parce que sa propre édification de l'histoire du genre humain, avec son retour cyclique et répétitif d'événements éternels, il la créait dans l'espace de la vie inconsciente. Toutes les frontières linguistiques devaient être dépassées à l'approche de ce nouvel univers. Sa langue devait exprimer nuit et sommeil. Comparée à cette ambition colossale, l'expérimentation des surréalistes qui voulaient également explorer la vie nocturne reste, à mon avis, une tentative avortée. En ce sens, Joyce ne fut jamais intéressé par l'écriture automatique. Il re-découvrait les grands mythes, et c'est dans un état de lucidité extrême qu'il opérait la jonction « dans la forge de son âme ».

Mr et Mrs Joyce, Maria et moi nous rentrâmes

à Paris avec Lucia, qui resta avec nous un temps seulement avant que son état de plus en plus sérieux ne nécessitât son transfert dans une *maison de santé*. Joyce semblait se cramponner à nous avec une confiance presque enfantine, et durant ces jours difficiles nous fûmes ensemble la plupart du temps.

Pendant nos promenades, nous parlions souvent de rêves. Parfois je lui racontais mes propres rêves qui, durant les années qui précédèrent la guerre, prirent un tour étrangement macabre et apocalyptique. Il en discutait toujours avec passion, parce qu'ils l'intéressaient en tant qu'images de l'univers nocturne, tout en se refusant à leur attribuer la moindre fonction transcendantale ou mystique. Lui-même, disait-il, rêvait relativement peu, mais quand cela arrivait ses rêves étaient généralement en relation avec les idées, personnelles ou mythiques, qui l'occupaient durant les heures de veille. Joyce était très attiré par la théorie du « sérialisme » de Dunn et de cet auteur je lui lus la brillante *Théorie du temps* pour laquelle il montrait grande considération.

Il me raconta l'un de ses propres rêves,

en relation avec des événements ultérieurs qui semblaient confirmer les conceptions sérialistes de Dunn. Joyce raconta qu'il se promenait dans une grande ville et rencontra trois hommes nommés Minos, Eaque et Rhadamante. Ils interrompirent soudainement leur conversation avec lui et devinrent menaçants. Il dut courir pour fuir leurs cris d'injures. Trois semaines plus tard, je remarquai un fait divers en manchette de *Paris Soir* : la police recherchait un détraqué qui expédiait des explosifs par la poste. Le fanatique signait lui-même : Minos, Eaque, Rhadamante, les Juges des Enfers. L'un des rêves moins compliqués de Joyce le faisait rire sous cape chaque fois qu'il y pensait. C'était un rêve dont le point culminant tenait dans l'apparition de ce personnage titanesque qu'est Molly Bloom, assise sur le versant d'une haute montagne. « Et toi, James Joyce, j'en ai plus qu'assez de toi », vociférait-elle. De sa réponse, il ne parvenait pas à se souvenir.

Sa très bonne connaissance du français, de l'allemand, du grec et de l'italien lui conférait une position assurée, et il était constamment en train d'augmenter son stock d'informations linguistiques en étudiant l'hébreu, le russe, le japonais, le chinois, le finnois et autres langues. A la base de son vocabulaire il y avait aussi un immense fonds de mots anglo-irlandais qui ressemblent aujourd'hui à des néologismes parce que la plupart sont tombés en désuétude. Sa façon de redonner vie à ces mots intéressera un jour les philologues. Le langage était pour lui d'un usage social autant que subjectif. Il s'intéressait aux expérimentations du jésuite français Jousse et du philologue anglais James Paget, et *Finnegans Wake* regorge d'applications de leur théorie du geste. Il était assez moqueur quand il parlait de langages auxiliaires comme l'espéranto et l'ido, qui lui paraissaient ne receler aucune possibilité.

Il se montra de plus en plus soucieux du problème de l'imagination créatrice. Il relut Coleridge une nouvelle fois, et discuta avec moi de la distinction établie par les poètes romantiques entre imagination et chimère. Son point de vue était très humble et il se demandait même parfois s'il avait réellement de l'imagination. Il lut *Wuthering Heights [Les Hauts de Hurlevent].* « Cette femme avait de l'imagination », dit-il. « Kipling en avait aussi, et certainement Yeats. » En fait son admiration pour le poète irlandais était illimitée. Un commentateur récent, affirmant que Joyce manquait de respect pour le logos en poésie, insinua même qu'il avait peu de considération pour Yeats. Je peux attester que ceci n'était pas vrai. Joyce nous récita souvent des poèmes de Yeats qu'il connaissait par cœur. « Pas un poète surréaliste ne peut égaler ceci en imagination », disait-il.

Un jour que Yeats passait à la radio, il nous appela en toute hâte pour que nous venions écouter avec lui. Je lui lus « A Vision » à haute voix, et il était profondément captivé par sa conception grandiose, regrettant seulement que « Yeats n'ait pas mis tout cela dans une œuvre purement créatrice ». Il fut très ému de découvrir que le héros de *Finnegans Wake* était décrit, tout à la fois physiquement et psychiquement, comme l'un des types humains que Yeats présente dans « A Vision ». Quand Yeats mourut, il envoya une couronne sur sa tombe à Antibes, et son émotion, en apprenant la nouvelle, fut très sincère. Il nia toujours, presque avec véhémence, avoir dit à Yeats à Dublin être trop âgé pour être influencé par lui.

Un de nos divertissements favoris à l'époque était un film en fin d'après-midi. Il préférait les films anglais et français aux américains, et était un juge mordant quant à leurs qualités esthétiques. Il semblait avoir très peu de sympathie pour les problèmes de l'Amérique du Nord comme du Sud, et jugeait les deux continents entièrement sur la base de leur prétendue pénurie en matière esthétique. Il n'aimait aucune manifestation d'humour américain dans les films, ses *bêtes noires* étant particulièrement Charlie Chaplin et un comédien du nom de Schnozzle.

Nous nous en remettions toujours à ses jugements remarquables quand nous allions au théâtre à Paris, et nous ne fûmes jamais déçus. Les nombreuses pièces que nous avons vues ensemble et que nous choisissions habituellement parmi tant d'autres, mieux lancées à coups de réclame et de bourrage de crâne, étaient presque toujours percutantes et amusantes. Je me souviens de mon grand plaisir esthétique quand lui et moi allâmes voir les acteurs Mabima dans une pièce donnée en hébreu, *Rachel*. Il avait un flair subtil pour les petits théâtres, hors des sentiers battus, ou pour des pièces anciennes, poussiéreuses, en particulier à l'Odéon, où nous vîmes des pièces de Scribe, qu'il aimait beaucoup. Et naturellement, il ne manquait pas une reprise d'Ibsen.

Il y avait atmosphère de fête quand Joyce allait au théâtre. Après — comme il avait l'habitude de dîner tard — nous gagnions généralement le « Fouquet's », aux Champs-Élysées, ou « Chez Francis », et il y vidait d'un trait sa première coupe de « champagne nature » avec un mouvement du bras très divertissant à observer. D'habitude, il mangeait peu mais la carafe ne devait pas rester vide sur la table tant que Mrs Joyce n'interposait son veto final.

L'amour de Joyce pour l'opéra, en particulier l'opéra italien, et occasionnellement Wagner, a été remarqué par tous ceux qui ont écrit à son sujet. Parmi les chanteurs d'opéra, il préférait, comme je l'ai déjà dit, la voix de son grand ami John Sullivan, qu'il estimait être le plus grand ténor depuis Caruso. Il admirait aussi Lawrence Tibbett, le baryton américain, et une ou deux basses russes dont il décrivait les voix comme des « mines de charbon ». Il avait une vive aversion pour la musique de Stravinsky et en vérité pour la plupart de ses contemporains. Il aimait écouter de la musique pour piano, en particulier Chopin.

Je me souviens lui avoir lu une traduction allemande d'un discours de Radek dans lequel le Russe attaquait *Ulysse* au congrès de Kharkov comme l'œuvre d'un écrivain bourgeois sans conscience sociale. « Ils peuvent dire ce qu'ils veulent », disait Joyce, « mais le fait est que tous les personnages de mes livres proviennent des petites classes moyennes, et même du milieu ouvrier ; et ils sont tous assez pauvres. » Je sais qu'il était un anti-fasciste convaincu. Il ne retourna jamais en Italie sous Mussolini, et traversa seulement l'Allemagne nazie pour se rendre à Hambourg, quand il voulut réaliser le rêve qu'il avait eu toute sa vie de voir Copenhague.

Il y a beaucoup d'anecdotes, des anecdotes relatives à l'homme Joyce ces dernières années avant la guerre et dont on se souviendra.

Un soir orageux de juillet, Sylvia Beach avait organisé une lecture par Ernest Hemingway et Stephen Spender à la librairie « Shakespeare and Company », rue de l'Odéon. Joyce, qui aimait

Hemingway, décida d'y assister et me proposa de l'y accompagner. Un bon nombre d'écrivains américains, anglais et français étaient déjà là quand nous arrivâmes, assez tard, au beau milieu de la lecture d'Hemingway. Hemingway était assis à une petite table, avec une grande chope de bière devant lui, dont il buvait avec ostentation de petites gorgées. Il lisait un extrait du manuscrit de son dernier livre, sur l'Espagne, dont il interrompit la lecture un moment, le temps que nous soyons assis.

La lecture se prolongeant, Joyce se mit à bâiller. A vrai dire, il le fit si ouvertement que tout le monde le remarqua. Peu après, Hemingway fit une pause et Stephen Spender lut un de ses poèmes sur la Révolution espagnole. Hemingway revint sur l'estrade. Après quelques phrases, Joyce me tira par la manche : « Allons-y... » Je tentai de le convaincre de rester encore un peu, mais il n'en était pas question. A mon grand embarras, il se leva, et tout en marchant sur les pieds de nos voisins, nous partîmes.

« N'était-ce pas une pointe de jalousie, l'autre soir ? » me dit Sylvia Beach quelques jours plus tard, alors que je la priais d'excuser notre soudain départ.

Joyce avait un sens aigu de la liturgie et s'intéressait aux doctrines et rites de toutes les religions et confessions ; au catholicisme romain ou orthodoxe, au protestantisme comme à l'hindouisme, au bouddhisme ou au confucianisme — tout faisait farine au moulin de l'écrivain.

Son rapport à l'Église catholique romaine du Dublin de sa jeunesse, quoique hostile, relevait aussi de la curiosité analytique. Il allait à Notre-Dame entendre les sermons de carême du fameux jésuite, le Révérend Père de la Boullaye de Pinard, et revenait avec force commentaires spirituels sur le nom de l'orateur. Il suivait attentivement la liturgie des jours de fête avec une précision quasi ecclésiastique.

Il fut extrêmement sensible aux attaques personnelles venues de milieux catholiques des États-Unis qui estimaient que son travail relevait d'une attitude hérétique. Il attira souvent mon attention sur le rôle démesuré du concept du mal dans la théologie catholique. L'acolyte pascal n'hésite pas pendant la messe à faire l'éloge du « péché d'Adam » dans un passage liturgique fameux, et saint Augustin lui-même dit : « Felix culpa ! O fortunatissimum Adae peccatum. » Les formes obscènes des gargouilles des cathédrales gothiques montrent la richesse imaginative d'architectes orthodoxes. Les chimères sataniques dans les peintures de croyants comme Matthias Grünewald ou Hieronymus Bosch nous mènent dans les abysses du grotesque. Joyce, qui connaissait ses Pères de l'Église, usait du droit que l'Église catholique a toujours concédé à l'artiste de montrer le côté charnel de la pensée de l'homme avec toute la maîtrise de son art du verbe.

« Et le Livre de Kells ? » s'exclamait-il. Un jour il me donna un volume de reproductions de ce livre rare de manuscrits enluminés. Une image donnait une représentation particulièrement hideuse du Christ enfant. « Est-ce qu'il n'a pas l'air d'être allé chaparder au poulailler ? » me dit-il.

Au cours de l'hiver 1938, quelqu'un lui envoya un numéro de l'*Osservatore romano,* le quotidien du Vatican, daté du 22 octobre 1937. Il y était fait une référence à lui-même qui enchanta Joyce. Il la cita à plusieurs reprises un soir que nous étions au « Fouquet's ». Dans une étude sur la littérature moderne en Irlande, un pieux essayiste du Vatican écrivait : « e infine James Joyce, di fama europea, iconoclaste e ribelle, che dopo aver cercato di ringiovanire il vecchio naturalismo, tenta nell'*Ulysses* di tradurre plasticamente la realtà interiore, e nell'*Opera in Corso*, attraverso una esperienza onirica e insieme linguistica, si sforza di aprire altre vie all'espressione del sentimento umano[1] ».

« Nous, catholiques errants », avait-il coutume de me dire, pour me parler de théologie jésuite.

Un jour, une femme de lettres internationalement connue qui portait le nom d'une grande

---

1. « Et finalement James Joyce, célèbre dans toute l'Europe, iconoclaste et rebelle, après avoir cherché à renouveler le vieux naturalisme, a tenté avec *Ulysse* de traduire plastiquement la réalité intérieure, et dans l'œuvre en cours [*Work in Progress*], par une expérimentation onirique et linguistique, cherche à ouvrir de nouvelles voies à l'expression des sentiments humains. »

famille de la plus ancienne noblesse de France téléphona à Joyce et lui demanda quelques repères biographiques afin de les utiliser au cours d'une soirée qu'un groupe de poètes de Paris, « Les Amis de 1914 », avait programmée en son honneur. Joyce consentit à recevoir la dame en question puisqu'elle préparait son discours d'introduction à cette soirée et il estimait courtois pour le moins d'avoir avec elle une brève conversation préalable. Elle arriva, très élégante, accompagnée d'un énorme chien, ce qui ne rendait pas les choses plus faciles, compte tenu de la véritable aversion de Joyce pour les chiens. Se souvenant vaguement qu'il y avait une certaine ville à laquelle Joyce s'intéressait particulièrement, la dame lança de but en blanc : « Quand avez-vous été la dernière fois à Edimbourg, Mr Joyce ? »

« Je ne suis jamais allé à Edimbourg de ma vie », fut la réponse de Joyce, après quoi il retomba dans son silence habituel. Un peu confuse, mais pas battue pour autant, la dame sollicita alors la permission de le photographier pour un article qu'elle publierait dans le quotidien du matin, *Le Jour*. Le photographe attendait en bas, dit-elle, et il pourrait faire ça en un clin d'œil. Croyant ajouter un argument à son raisonnement, elle expliqua qu'elle aimerait avoir sa photographie prise en conversation avec Joyce. Toutefois elle avait compté sans l'imagination de notre ami irlandais. S'excusant un instant, il téléphona à Paul Léon et moi-même, nous pressant d'accourir pour ne pas être photographié seul avec elle.

Par chance, nous étions tous les deux à la maison et nous arrivâmes très vite à son appartement, presque en même temps. Joyce nous présenta à la dame qui, visiblement contrariée par la faillite d'un stratagème si soigneusement préparé, ne fut pas très cordiale. Toutefois la photographie fut prise, avec Léon à côté de Joyce, et moi à côté d'elle. La photo parut le lendemain dans *Le Jour,* sur quatre colonnes, mais — « Oh, regardez ! » — Léon et moi avions la tête coupée par quelque artiste du laboratoire du journal. La dame, Daisy de son prénom, avait gagné. Léon et moi étions très amusés, mais Joyce n'apprécia pas. Le lendemain soir il déclama une petite satire qu'il avait composée sur l'air de « Daisy, Daisy, give me your answer true... » J'ai oublié le milieu mais je me souviens comment ça finissait :

« And won't we look sweet
Upon the seat
Of a photograph faked for two...[1]. »

Au cours de la soirée poétique prévue, la dame lut la traduction française d'*Ulysse*. Joyce, assis sur l'estrade, s'arrangea pour lui tourner le dos pendant la lecture. Je me suis souvent demandé si l'expérience avait amené beaucoup de satisfaction à son cœur de chasseresse de lions.

Les nuages s'amoncelaient à l'horizon politique de l'Europe. Joyce devenait de plus en plus sombre et vivait dans un isolement croissant. Nous continuions à nous voir régulièrement l'un l'autre chez lui ou chez nous, ou alors pour dîner au « Fouquet's ». Les années le changèrent beaucoup : ses cheveux tournèrent au gris, sa vieille assurance semblait ébranlée. Je le sentais plus profondément humain qu'autrefois, plus doux également. Il se montrait même curieux des Amériques, tout en persistant dans son dogme : les

1. « Et ne serons-nous pas doucement à l'aise
Sur la chaise
D'une photographie arrangée pour deux... »
Ce dernier vers pour : « of a bicycle built for two. »

grands mythes créateurs de l'humanité venaient d'Europe. Je lui dis que je voulais encore sortir un numéro de *transition* avant de renoncer, et il approuva. « J'aurai quelque chose pour vous », me dit-il.

La terrible maladie qui avait frappé sa fille lui brisait le cœur en permanence et même sa volonté de fer ne lui permit pas de découvrir le remède qui la sauverait. Paul Léon, son ami de toujours, l'aidait, mais la plupart des amis des jours heureux avaient quitté la France et il régnait un profond silence autour de lui. Des critiques malveillants ricanaient en parlant de « la clique à Joyce », ce qu'il transforma aussitôt avec ironie en « Joyeuse clique ». Ce n'était pas plus joyeux que ça, toutefois, et nous faisions plutôt « déclic ». Pour ma part, j'étais passionnément intéressé par *Work in Progress* et j'étais fier de ce que Joyce me fît confiance pour la parution de son dernier grand œuvre. Encore que j'en fusse à redouter le moment où il me dirait, comme par accident mais délibérément : « J'aurai quelque chose pour vous. Quand reparaîtrez-vous ? » Parce que je savais que cela voulait dire travailler avec lui jour et nuit, lui obéir au doigt et à l'œil pendant plusieurs mois, jusqu'à ce qu'enfin paraisse le numéro.

Joyce n'expliquait pas. Il vous demandait de deviner, de montrer votre aptitude à approcher le texte, d'avoir de soudaines intuitions. Le « déclic » autour de lui se pratiquait avec ardeur, et de fait, nous étions comme de studieux élèves travaillant sous la férule despotique de notre « magister » jésuite. Ce qu'il était en effet. Ce n'était pas *« ad majorem Dei gloriam »* mais *« ad majorem Jacobi gloriam »* et son intense activité cérébrale nous passait par-dessus la tête comme une canne de jonc. Parfois son impatience devant l'hésitation de l'un de ses « élèves » était telle que je redoutais presque un châtiment pour le coupable. Mais nous avions tous de l'affection pour lui, une sorte de sentiment fraternel de protection qui crût avec son isolement.

J'aimerais dire ici quelques mots au sujet de ceux qui suivirent avec amitié le travail de Joyce et ne renoncèrent pas en chemin, alors que ces années favorisaient les « littérateurs » prolétariens et la mégalomanie de gauche, je pense à ceux qui écrivirent au sujet du nouveau Joyce quand très peu s'intéressaient à ses innovations et ses néologismes, quand la majorité des écrivains américains et britanniques pensaient n'avoir rien à faire de telles nouveautés. Ils n'étaient, après tout, intéressés que par la norme. Ils s'intéressaient aux valeurs traditionnelles, au drame historique, à la fiction et à la poésie tels que transmis par leurs prédécesseurs. Ils ne pouvaient pas comprendre qu'un homme qui avait écrit *Ulysse* et le *Portrait* poursuivît dans une telle veine, renonçant héroïquement à un succès certain pour s'engager dans le calvaire d'une telle création.

Les hommes qui montèrent l'échafaudage de *Finnegans Wake* étaient les amis de Joyce, et certains d'entre eux étaient mes amis. Nous sentions tous que nous étions mal équipés pour une tâche qui consistait à interpréter une œuvre encore inachevée, dont nous n'avions vu que des fragments. Nous n'avions certainement pas une conception de la totalité mais seulement le pressentiment de ce qu'elle serait. Elliot Paul fut le premier à faire le pas, à expliquer ce qu'il considérait alors comme la trame de *Work in Progress ;* son essai dans *transition* fut une pierre d'angle. Il y eut aussi Stuart Gilbert, travaillant sans répit à déchiffrer le livre hermétique ainsi que d'autres analystes, tous brillants : Harry Levin, William Troy, William Carlos Williams, Edmund Wilson, Alfred Kazin, Padraïc Colum, Samuel Beckett. Ensuite il y avait Frank Budgen, l'écrivain et peintre britannique, qui écrivit un essai paru dans *transition,* et qui élucida l'utilisation par Joyce de la mythologie nordique dans *Work in Progress.* Quand Budgen venait à Paris, nous avions l'habitude de nous rencontrer chez Joyce puis d'aller nous asseoir « Chez Francis ». Il parlait avec humour des jours d'antan à Zurich — et était, par ailleurs, l'un des rares Anglo-Saxons que j'aie jamais rencontrés qui parlât sans fautes le dialecte de Zurich.

Un jour à Zurich, alors que Joyce et moi marchions en silence dans la Bahnhofstrasse, j'entendis Joyce marmonner le nom de Budgen. Je me souvenais que, pendant la Première Guerre, à l'époque où Budgen travaillait au consulat britannique de Zurich, ils avaient coutume de dîner la nuit au restaurant « Pfauen », buvant de copieuses carafes de vin de Waliser. Mais il ne dit rien de plus et nous continuâmes notre chemin. Soudainement Joyce tourna dans une rue latérale,

Urania Strasse. Il faisait sombre et il y avait une brume légère sur la ville. Il s'arrêta en face d'un bâtiment, se tourna vers moi et dit : « Le voilà. » « Qui ? » « Budgen. » Je levai les yeux et vis quelques sculptures, des nus, qui nous regardaient.

Joyce m'expliqua que Budgen avait posé pour le sculpteur suisse Suter auquel la ville avait commandé l'œuvre. « Où est-il ? » demandai-je. « Le Labeur », dit Joyce laconique. En effet, là se dressait la silhouette de Budgen, nu au sommet du monde dans toute sa gloire paradisiaque. « Labeur », dit Joyce d'un air songeur, « l'homme le plus paresseux que j'aie jamais rencontré... »

Un autre ami de Joyce était Samuel Beckett, le poète irlandais qui vint à Paris enseigner à l'École normale en tant que lecteur d'anglais. Joyce se prit de grande affection pour Beckett et par lui nous devînmes amis. Il était Anglo-Irlandais et par les gestes comme par la pensée ressemblait à Joyce de façon parfois surprenante. C'était un homme de grand talent, très original et en pleine création. Tant comme poète que comme prosateur sa personnalité s'imposa d'elle-même à nous tous, et j'aimais son esprit brillant quoique austère. Il avait une extraordinaire facilité et inventivité verbale, et était, comme son grand compatriote, un « beau ténébreux », un visionnaire celtique amoureux de la France. A l'inverse de Joyce toutefois, il voulait simplifier la langue anglaise plutôt que l'enrichir. Pour cette raison, il commença à écrire exclusivement en français peu avant la Seconde Guerre mondiale, pour atteindre à la simplicité en écrivant délibérément dans une langue qu'il ne connaissait pas aussi bien que sa langue maternelle. Ses écrits français sonnent « dépouillés » encore que suggestifs de son île.

Six mois avant l'annonce de la parution de *Work in Progress* en volume, se produisit un incident amusant en relation avec le titre, qui n'était jusqu'alors connu que de l'auteur et de Mrs Joyce. Joyce avait souvent exhorté ses amis à le deviner, et il avait même offert de payer mille francs en espèces à qui réussirait. Nous essayâmes tous : Stuart Gilbert, Herbert Gorman, Samuel Beckett, Paul Léon, moi-même, mais nous échouâmes lamentablement. Une nuit d'été que nous dînions à la terrasse du « Fouquet's », Joyce renouvela son offre. Le riesling était particulièrement bon cette nuit, et nous étions de joyeuse humeur. Mrs Joyce se mit à chanter doucement une chanson irlandaise au sujet de Mr Flannagan et Mr Shannigan. Joyce la regarda avec effroi, et la pressa d'arrêter. Ce qu'elle fit, mais voyant qu'il n'y avait pas de mal, il fit très clairement avec les lèvres, comme l'aurait fait un chanteur, ce qui semblait indiquer un F et un W. Maria crut deviner *Fairy's Wake*. Joyce la regarda avec étonnement et dit « Brava, mais il manque quelque chose. »

A la maison nous tournâmes autour plusieurs jours. Un matin je sus que c'était *Finnegans Wake,* bien que ce ne fût qu'une intuition. Le soir même je lançai soudainement les mots à la cantonade. Joyce pâlit. Il posa doucement son verre de vin : « Ah, Jolas, dit-il, vous m'avez pris quelque chose. » Quand nous partîmes cette nuit-là il m'embrassa, dansa quelques pas de sa composition, et demanda : « Comment voulez-vous l'argent ? » « En sous. » répondis-je. Le lendemain matin, en mon absence, Joyce arriva avec un sac rempli de pièces de dix francs. Il les donna à mes filles en leur enjoignant de me les servir au déjeuner avec les hors-d'œuvre. Donc c'était *Finnegans Wake.* Nous fûmes gravement invités par Joyce à ne pas révéler le titre avant qu'il ne l'annonce officiellement à un dîner d'anniversaire donné par son fils et sa belle-fille le 2 février suivant.

Les dernières années de sa vie, Joyce réduisit de plus en plus sa vie sociale. Il était peu invité en ville — les gens avaient probablement fini par se décourager — il acceptait rarement les invitations qui lui étaient faites. Il en devint d'autant plus dépendant de ses amis. Nous étions quelques-uns à sortir régulièrement nous promener avec lui au bois de Boulogne, ou au cinéma. En pareilles occasions, il restait souvent silencieux, comme absorbé par son propre monde.

Il était exactement l'opposé de la grégaire Gertrude Stein qu'il n'avait jamais rencontrée au long des années où ils avaient vécu en même temps à Paris. Peu avant la guerre, toutefois, le sculpteur américain Jo Davidson, qui était un excellent ami des deux écrivains, décida de briser la glace et de les inviter ensemble dans son atelier. Ils furent présentés et échangèrent une poignée de main. Mais ce fut tout.

Entre les deux guerres, Gertrude Stein fut

certainement la doyenne des écrivains américains de Paris. A cette époque, elle vivait rue de Fleurus avec son amie de toujours, Alice Toklas, et c'est de là qu'elle faisait rayonner ses bégaiements ésotériques. Son attitude mentale était par trop éloignée de tout ce que je sentais et pensais. Je trouvais son esthétique gratuite et manquant de contenu. Malheureusement, elle semblait aussi dotée d'un besoin pathologique d'adulation — dont elle eut par la suite toute sa part — et ses réflexes nerveux étaient violents et contradictoires.

Franchement, nous ne nous sommes jamais bien entendus. J'acceptais ses invitations sporadiques à prendre le thé dans son salon où les toiles de Picasso, Gris et Matisse rehaussaient l'arrière-plan. On rencontrait là des gens intéressants, des peintres et des écrivains, mais l'atmosphère pouvait aussi être tendue, électrique. S'il y avait un blanc dans la conversation, Miss Stein indiquait nerveusement à Miss Toklas d'abandonner l'hôte avec lequel elle dialoguait pour engager la conversation avec un autre. Elle adorait papoter mais pouvait aussi parler à fond d'une variété de sujets, y compris des méthodes publicitaires américaines qu'elle avait étudiées plusieurs années.

A l'époque où je la connaissais bien, elle émergeait d'une éclipse littéraire. C'est grâce à Elliot Paul que sa résurrection eut lieu, ses articles à son sujet ramenant l'attention du public sur son œuvre. Paul lui rendait visite fréquemment, et d'ordinaire revenait avec une fournée de manuscrits qu'elle tirait d'un énorme classeur. Nous publiâmes nombre de ses compositions dans *transition*, bien que je sois obligé de dire que je ne voyais, et ne vois pas plus aujourd'hui, de dimension inventive à son écriture. Sa « cuisine des mots » si chère à Sherwood Anderson ne m'impressionnait guère, puisque ma tendance fut toujours contraire. Je désirais un enrichissement du langage, de nouveaux mots, des millions de mots même, et pour ma part j'étais un homme à la recherche de ces millions de mots. Je me suis cependant parfois diverti par ses enchaînements rythmiques, et souvent trouvai une qualité agréable à ses répétitions incantatoires de mots ordinaires. Mais ceci a tendance à devenir ennuyeux à la fin, en raison d'une certaine puérilité qu'aucune attitude pontifiante ne peut dissimuler.

En 1927, Miss Stein était peu connue à Paris, en dehors d'un cercle littéraire et artistique étroit

— Picasso, Matisse, Adrienne Monnier, André Salmon, Carl van Vechten, Sherwood Anderson. On citait Picasso qui aurait dit qu'il n'avait jamais lu une ligne de Gertrude, mais il sentait que c'était bien. Assez curieusement, je fus le premier à traduire une œuvre d'elle en français, quand je pris un bref texte d'elle dans mon *Anthologie de la nouvelle poésie américaine.*

Elle fut par la suite accueillie avec enthousiasme par certains écrivains français, parmi lesquels Georges Hugnet et Bernard Faÿ, ce dernier lui ayant été présenté en 1927 chez nous. A l'époque, Faÿ était considéré comme le plus brillant interprète en France de la révolution américaine, et il fut plus tard le premier professeur de civilisation américaine au Collège de France. Faÿ et Miss Stein devinrent bons amis, et il ne fit pas que traduire certaines de ses œuvres mais créa un pont important entre elle et le public français.

En 1928 je republiai *Tender Buttons* de Miss Stein, depuis longtemps épuisé, et un an plus tard je fis paraître la première version de *Four Saints in Three Acts,* six ans avant que le public américain n'entende l'ingénieuse mise en musique de Virgil Thomson à New York. Après cela nous nous vîmes assez peu, sinon par hasard. Nous n'étions pas ennemis, mais n'étions pas non plus amis. Une étrange antinomie de tempérament existait entre nous, et je sentais que nous nous irritions l'un l'autre.

En 1930 je lui rendis visite un beau matin avec l'intention de lui demander un autre manuscrit. La conversation se déroulait normalement quand elle me prit brusquement à partie parce que je publiais James Joyce plus fréquemment qu'elle. « Joyce est un politicien irlandais de troisième ordre », me dit-elle rageusement, ajoutant : « Le plus grand écrivain vivant pour l'instant est Gertrude Stein. » Je lui demandai la permission de ne pas l'approuver et partis, claquant la porte en pensée.

Un an plus tard, je reçus un coup de téléphone d'elle. « Jolas, me dit-elle, je viens juste de faire installer le téléphone et je téléphone à mes amis pour l'essayer, vous êtes le premier. » Je ne pus m'empêcher de rire, de sorte que nous recommençâmes à la revoir un peu, elle et Miss Toklas, et que je publiai une fois de plus sa dernière œuvre.

Quand notre petite fille Georgia mourut, elle et Miss Toklas furent parmi les quelques amis américains de Paris à appeler et apporter des fleurs. Je n'ai jamais oublié ce geste sensible.

Joyce ne rencontra pas non plus Picasso bien que je les aie vus dans le même restaurant. Nous buvions un cocktail « Chez Francis » après un concert. Picasso, assis à une table proche, était en conversation avec André Breton, Jacques Prévert et d'autres écrivains et artistes surréalistes. Informé de leur présence, Joyce ne chercha pas à les apercevoir, mais je vis que le groupe Picasso manifestait de la curiosité à son égard.

Le dévouement de Joyce pour sa fille souffrante ne connaissait pas de limites. Elle était à présent internée dans une maison de santé près de Paris où il passait des heures à tenter de l'amuser, à lui parler du passé, à chanter pour elle, ou à prêter l'oreille à ses fantaisies verbales avec une patience absolue. Mais parfois ses propres nerfs semblaient craquer sous la tension, et un jour je le vis pleurer amèrement : « Pourquoi cette chose devait-elle nous arriver ? » dit-il,

« Nous étions si heureux. » Puis, souriant tristement : « Et je suis censé écrire un livre amusant... »

Bien que souvent désespéré, il poursuivait la lecture des épreuves de *Finnegans Wake*. Outre Mrs Joyce qui ne le quittait littéralement jamais, Giorgio et Helen Joyce, Lucie et Paul Léon, Sam Beckett, Moune et Stuart Gilbert, Maria et moi étions ses compagnons courants. D'habitude l'un ou l'autre d'entre nous sortait avec lui le soir, et quand il commençait à broyer du noir, nous tentions de le distraire.

Un soir je reçus un appel d'un inconnu qui était, comme il me l'expliqua, le patron d'un petit bistro rue de Grenelle : « Monsieur Jouasse, dit-il, vous demande de venir aussi vite que vous pourrez. L'adresse... » Je trouvai Joyce debout devant le comptoir, un Pernod devant lui.

« Bonsoir », dis-je, et je commandai un Pernod.

« Oh, vous voilà ! », dit-il, avant de redevenir silencieux.

Après un moment, il me demanda dans un souffle :

« Connaissez-vous le poète Mangan ? »

Et il commença à me réciter « Dark Rosaleen » de sa voix de Dublin, si musicale. Un passage en particulier me frappa :

I could scale the blue air,<br>
  I could plough the high hills,<br>
  O, I could kneel all night in prayer,<br>
To heal your many ills !<br>
And one beamy smile from you<br>
  Would float like light between<br>
My toils and me, my own, my true,<br>
  My Dark Rosaleen !<br>
  My Fond Rosaleen !<br>
Would give me life and soul anew,<br>
A second life, a soul anew,<br>
  My Dark Rosaleen !...

Les mois passaient dans l'anxiété ; Joyce désirait voir cet ouvrage complexe paraître avant que, disait-il, « l'orage n'éclate ». Toutes ses notes avaient été prudemment mises à l'abri par Léon et ils suivaient ensemble un sévère plan de travail. Par la seule publication des fragments dans *transition*, nous savions que l'œuvre constituait un défi à la critique contemporaine comme aucune depuis des décennies. A vrai dire, il est possible que sa publication par fragments ait joué contre sa reconnaissance immédiate. D'un autre côté, le public avait été mis en appétit par les efforts d'exégèse déployés par les écrivains de *transition*, et par les commentaires des connaisseurs, en particulier aux États-Unis.

Nous savions déjà que l'ambition de Joyce avait été d'écrire un livre de la pensée de la nuit chez l'homme. Nous avions observé la balourdise des nombreux personnages expiatoires à travers leurs transmigrations larvaires et anthropologiques. Nous avions aperçu la titanesque synthèse ville-montagne du promeneur Humphrey Chimpden Earwicker, et observé ses innombrables métamorphoses humaines et pré-humaines. Nous avions suivi la trame pan-symbolique avec la création d'Anna Livia Plurabelle, la femme-rivière, la magna mater. Shem et Shaun, les frères antithétiques, appelés parfois Jerry et Kevin ; la fille Isabelle, la lavandière, la souillon qui tient la maison, les soiffards et les bavards de Chapelizod : ces évocations contemporaines et primitivo-barbares étaient familières aux lecteurs de *transition*. Il y avait aussi d'autres personnages, la plupart secondaires, inextricablement entrecroisés dans la narration.

Nous connaissions le contour du conflit sans fin qui occupe la scène de la nuit ; nous voyions la mutation continuelle des lieux, objets, événements, langues et personnages. Examinant d'un œil nouveau la conception révolutionnaire du paragraphe chez Joyce, nous essayions de garder à l'esprit que le dynamisme théâtral du livre était basé sur la théorie de Bruno de la connaissance par les contraires, ainsi que sur la philosophie de la récurrence cyclique de Vico. L'histoire, pour Joyce, était un cauchemar, et sans aucun doute il voyait l'époque actuelle comme la phase ultime du cycle de Vico : la chute de l'homme, suivie du chaos et de la résurrection. Comme Goethe, il avait un œil olympien.

La guerre approchait. Joyce manifestait apparemment peu de conscience politique. Je parlai avec lui avant et après Munich, mais il se tenait à l'écart. Ceci, à dire vrai, était un point déroutant dans ma relation avec lui parce que je me sentais entraîné dans le combat contre le fascisme, contre le totalitarisme. Joyce, au contraire, semblait presque refuser qu'on en fasse mention. Un jour il me dit : « Que peut faire un individu par les temps qui courent ? Je pense qu'il ne peut qu'aider personnellement ceux qui sont menacés. » Il déploya de nombreux efforts pour aider des amis juifs à échapper aux griffes nazies, et c'est un fait que le romancier autrichien Hermann Broch et un certain nombre d'autres de ses amis d'Europe centrale purent fuir à la suite de ses interventions en leur faveur.

Paris était une ville changeante à tout instant. Il y avait en permanence des troubles sociaux graves et la fièvre politique qui en résultait paralysait le fonctionnement de l'État. Les affrontements entre les Croix de feu, l'Action française et d'autres groupes de droite fascistes d'un côté, et les mouvements de gauche, menés par les communistes, de l'autre, faisaient peser la menace d'un cataclysme. On avait le sentiment que le temps était venu des digues qui rompent, des flots qui s'engouffrent, des démentis apocalyptiques. La persécution par Hitler des minorités raciales amena à Paris des milliers de réfugiés et l'on entendait sur les boulevards toutes les langues d'Europe centrale. Les amis français disaient souvent : « Qu'on en finisse ! Si seulement cette fausse paix pouvait finir ! On ferait mieux de se battre plutôt que d'attendre sans rien faire. »

Joyce me donna le dernier fragment de *Work in Progress* pour l'inclure dans le nouveau numéro de *transition* que je préparais alors. C'était le passage relatant l'histoire du feuilleton radio de Butt et Taff, ou comment Buckley tua le général russe. Comme d'habitude, il devait y avoir de nombreux changements avant de donner le bon à tirer final. Joyce semblait vivre dans l'auberge mythique de Chapelizod où les douze convives tumultueusement ivres s'employaient à refaire le monde et ses batailles, les batailles des frères Shem et Shaun, devenus Butt et Taff, et les transformations protéiformes de HCE hanté par le péché.

Ce numéro final de *transition* fut réalisé sous le coup de grandes difficultés financières et techniques. Ce serait le dixième anniversaire de la revue et nombre de vieux amis souhaitaient y participer. Toutefois, les conditions qui régnaient à l'époque en France affectèrent sa préparation. Les imprimeurs auxquels je confiai le travail étaient d'irresponsables rêveurs au point que ce qui aurait dû prendre trois ou quatre mois mit presque un an à s'achever. Un manuscrit fut perdu dans un taxi par l'apprenti de l'imprimeur et à un moment donné l'imprimeur lui-même disparut pendant deux mois. A la suite d'une recommandation hâtive, j'avais quitté notre vieil et efficace imprimeur de province pour tomber dans les mains d'un véritable escroc pour qui ne signifiaient rien les vertus du travail bien fait et de la qualité technique que j'avais toujours associées aux artisans français. L'« imprimerie » elle-même était dans un désordre indescriptible, et je me demande encore aujourd'hui comment ce numéro de *transition* qui comprenait de nombreuses illustrations et des textes en langue étrangère put finalement émerger d'une telle confusion.

C'était là une ultime tentative de ma part pour rassembler les forces intellectuelles et artistiques d'Europe et d'Amérique qui ne s'étaient pas enrôlées au service du fascisme ou du communisme, ni de ce nouveau réalisme superficiel qui gagnait depuis quelques années. Je voulais une fois de plus mettre en évidence l'expérimentation des images nocturnes et leur expression ; je voulais aussi mettre côte à côte les tendances romantiques représentatives de l'époque : expressionnisme, dadaïsme, surréalisme, et même simultanéisme.

Mais la vision titanesque du monde romantique restait le point de départ.

L'été qui précéda Munich, je vécus en solitaire, lisant et écrivant à Neuilly dans le silence de l'école vide. James et Nora Joyce étaient mes seuls compagnons, et nous nous voyions presque chaque soir, tant à la maison que dans nos restaurants favoris : « Chez Francis » ou au « Fouquet's ». Joyce semblait absent du monde, dans une solitude tout intérieure qui faisait peine à voir. Plusieurs fois je l'accompagnai à Ivry, où Lucia vivait dans une section psychiatrique. Elle tenait à lui comme à la prunelle de ses yeux. Elle babillait un brillant monologue zébré de flashes et d'illogismes lumineux, et il entrait dans son jeu, dans un semblant d'irrationnel avec un sourire triste plein d'amour paternel.

Il avait achevé la lecture des épreuves de *Finnegans Wake* pour Faber and Faber à Londres et attendait maintenant la parution du livre. Paul Léon jouait comme d'habitude les « ammanensis » la correspondance entre Londres, New York et Paris était intense. *Time Magazine* dépêcha Sherry Mangan pour interviewer Joyce et pour convenir entre autres d'une couverture photographique en couleur. Joyce insista pour que j'en sois et en dépit de ma résistance instinctive, il me força quasiment à poser pour une photographie qu'il avait organisée lui-même avec grand soin. Il sembla plus apaisé pendant un moment et nos dîners retrouvèrent leur ancienne saveur d'esprit irlandais et de conversations cosmopolites. Nora Joyce donnait ses thés tous les après-midi, et là dans une ambiance de pseudo-quiétude domestique, le « Scribe » se détendait et manifestait un intérêt empressé pour les histoires et les commérages de nos différentes fréquentations. Des amis irlandais, britanniques et américains apparaissaient, les Curran, les Colum, et d'autres.

Maria voulut donner un dîner américain pour Thanksgiving avec Nora et James Joyce, Giorgio et Helen Joyce, Mr et Mrs Herbert Gorman, Samuel Beckett, Stuart et Moune Gilbert, Edmund Pendleton et quelques amis français. Joyce aimait le retour cyclique des réunions de famille et préparait toujours pareilles occasions de festivité avec une attention appliquée, presque pédante, pour chaque détail. Une semaine avant l'événement il commença à téléphoner à la maison, suggérant diverses dispositions pour des mets particuliers — entre autres un fromage spécial, du lipptauer de Prague dont il se rappelait le piquant — et il déployait pour tout un intérêt presque enfantin. La veille de la soirée, Maria lui raconta qu'une petite catastrophe s'était produite : le coursier qui apportait à Neuilly la dinde d'une maison de Paris avait été heurté par un taxi et était tombé de selle avec ce résultat que la dinde roula dans le caniveau. Le garçon se releva, ramassa la dinde, l'apporta au cuisinier et lui raconta sa triste mésaventure dans un argot parigot plein d'humour.

Le lendemain Joyce envoya à Maria un petit « come all you » sur l'incident :

Oyez, dames et lairds, oyez et faites place.
Voici mon aventure au jour d'Actions de grâces.
Lors Madame Jolas alla quérir son dindonneau.
Le marchand me palpa, puis dit que j'étais beau.

Je sortis emplumé du Grand Palais Potin.
O désastre, ô malheur, place Saint-Augustin
Un taxi nous renverse et dans le choc j'explose
Et laisse tomber sur le sol mon foie rose.

On s'attroupe, un agent survient, carnet en main,

Prend nos noms, notre état et tout le saint-frusquin.
Je reprends un taxi et ma route emplumée.
Introuvable, le foie est parti en fumée.

Aux portes de Paris le type de l'Octroi :
« Sainte Poule, dit-il, est-ce ma mère l'Oye ?
Quand César prit l'oiseau, il était frais, par Dieu,
Mais celui-ci a dû boxer : il a des bleus. »

Je lustre mon plumage et lui réponds : « Sans
[bluff,
Crétin, ce ne sont pas des bleus, ce sont des
[truffes. »
— Voyez ce gros malin — et c'est qu'il a l'air
[franc,
Enfin, c'est pas tout ça ; ça fait cinquante francs.

A la fin j'atteignis la salle du festin
Et me crus retrouver mes Osmanlis lointains.
Ayant bu un bon coup je hérissai ma crête
En l'honneur des bons Turcs qui là-bas m'ont vu
[naître.

Puis je fis révérence à la blonde, à la brune.
La patronne au moujik cria d'en pousser une.
Madamina lut un message de Grand Bruit
Et nos vivats conjoints parvinrent jusqu'à lui.

J'attendais le festin, si vous voulez savoir

Mais moi, pauvre esseulé, comme ils m'ont laissé
[choir !
Ils étaient déjà tous partis en file d'oie
Place Saint-Augustin pour retrouver mon foie.

Thanksgiving Day 1937
Neuilly[1]

Le soir du 2 février 1939, nous étions tous ensemble à Passy chez Helen Joyce pour célébrer le cinquante-septième anniversaire du Maître. Au centre de la table était posée une édition de luxe de *Finnegans Wake* sur laquelle il passait la main à la fois avec joie et timidité. Tant d'années de vie intense étaient imbriquées dans cette somme et nous étions tous heureux avec lui de ce grand moment où le rêve plurilingual du héros global Humphrey Chimpden Earwicker prenait corps. Il montrait le livre à la ronde à ses amis, l'ouvrant à certaines pages et leur demandant de lire tel ou tel passage. George Slocombe était là, avec Samuel Beckett, M. et Mme Louis Gillet, Peggy Guggenheim, Bessie Breuer, Philippe Soupault et beaucoup d'autres. Helen Joyce recevait très bien ; elle

1. Ce texte de Joyce n'est pas inconnu. Nous reprenons ici sa traduction par André Cœuroy.

et Mrs Joyce ajoutaient à la gaîté générale. Joyce chanta ses propres chansons et Mrs Joyce interpréta une célèbre gigue irlandaise à laquelle Joyce participa aussi.

Il y avait aussi un jeu de société inventé par Joyce : il nous demandait de diviser la Bible avec un couteau et de lire la première ligne du verset qui répondait toujours aux préoccupations toutes personnelles du lecteur. Naturellement, les coupes de champagne ajoutaient à l'hilarité.

Le cycle viconien allait s'achever. Mon projet de retourner aux États-Unis avec toute la famille devenait maintenant impérieux, et Maria envisageait la dissolution de l'école. Mais elle sentait aussi que les enfants avaient besoin d'elle tout au long de ces jours pénibles et il fut finalement décidé qu'elle et moi reviendrions préparer notre exode. L'été 1939 fut riche en événements. Encore sentions-nous qu'il n'y avait pas de danger immédiat cette année-là, et nous partîmes donc pour un refuge de montagne en Haute-Savoie avec les enfants.

Dans cette période de crise éclata soudainement comme une bombe la nouvelle du pacte soviéto-nazi avec ses implications évidentes : le signal de l'agression. Les deux États policiers totalitaires se tendaient la main contre le monde occidental, et nous sûmes tous que nazis et bolcheviques étaient frères. Le lendemain les affiches blanches de mobilisation étaient collées sur les murs de la mairie du village. Deux jours plus tard, une lettre arriva de Lorraine m'apprenant que mes frères avaient à nouveau rejoint leurs régiments et que les militaires avaient donné l'ordre aux populations d'évacuer les villes le long de la ligne Maginot.

Par le truchement de la radio la signification du pacte avait touché jusqu'au hameau le plus reculé et je trouvai les villages de montagne habituellement souriants marqués par une panique à peine cachée. Les courts de tennis étaient encore pleins et les petits trains qui grimpaient à flanc de montagne ne manquaient pas d'excursionnistes, mais les hôtels et chalets se vidèrent rapidement. Le dénouement semblait inévitable. Avant que trois jours ne passent nous comprîmes qu'il nous fallait partir au plus vite.

Le jeudi 24 août nous prîmes la décision d'emmener les enfants et l'une de leurs amies en pique-nique, la possibilité de partir immédiatement étant exclue faute de place dans les trains. A la gare, un médecin local, le directeur d'un home de vacances pour enfants, faisait des adieux inquiets aux soixante-quinze enfants qu'il renvoyait dans leurs familles. Il était appelé sous les drapeaux et partait immédiatement. Dans le funiculaire, un jeune couple se tenait étroitement enlacé, le visage marqué par l'angoisse, chuchotant son amour et sa crainte de la séparation.

Quand nous arrivâmes à la petite auberge, bien au-dessus du village, juste en face du mont Blanc, des touristes de tous les pays tentaient de téléphoner chez eux. « L'appel pour Bruxelles ! — Oui, Madame, voilà Rome ! Qui a demandé Londres ? »

Aux alentours de la petite auberge, l'herbe des plateaux était parsemée de fleurs des Alpes et nous exhortions les enfants à faire des bouquets, à en tresser leurs cheveux, n'importe quoi qui les éloignât du climat tendu qui régnait à l'intérieur. J'ai une petite photo prise ce jour-là montrant trois petites filles avec des guirlandes de fleurs devant un arrière-plan de glaces et de neiges éternelles.

En rentrant ce soir-là à notre hôtel, nous trouvâmes l'éclairage public recouvert de papier bleu et le courant coupé à intervalles réguliers dans toute la ville. En raison des jours difficiles qui allaient suivre, le village se vida rapidement de tous ceux qui n'y possédaient pas une maison. Finalement nous pûmes obtenir des places dans un train qui nous emmènerait à Saint-Germain des Fossés, près de Vichy, de là nous pourrions facilement gagner notre destination en voiture. Enfin, nous empruntâmes la route bordée de peupliers qui menait à « La Chapelle », après cette longue et fatigante journée, comme si nous avions atteint un port. Quelques enfants et parents nous avaient précédés et, hormis les nouvelles inquiétantes que la radio diffusait sans arrêt, l'atmosphère était presque à la fête : les enfants étaient tout heureux de se retrouver et les adultes avaient des choses à se raconter, des impressions à échanger. C'était le 31 août, jeudi soir. Le lendemain matin la Pologne était envahie et deux jours plus tard les déclarations de guerre britanniques et françaises étaient proclamées.

Une chape de silence était tombée sur la maison. Cette fois, ça y était, c'était « la guerre ». Cet après-midi-là, je fis le tour des fermes des environs avec la propriétaire de « La Chapelle », la mère de deux élèves de l'« École bilingue ». Les paysans semblaient résignés. Une vieille femme pleurait sans honte : « J'ai perdu quatre fils à la dernière guerre, me dit-elle, et maintenant mon petit-fils doit y aller. » « Ç'a été mon père en 1870, mon mari a été tué en 1914, et maintenant ce sont mes enfants », dit une autre. Au retour, nous trouvâmes la maison étrangement calme, le seul son provenant au loin des voix d'enfants jouant au bout du parc. Pris de lassitude, je poussai la porte et me promenai au dehors dans la magie verte de l'été. L'après-midi s'épanouissait dans un silence oppressant. Dans le vieux parc, de grands arbres se tenaient droits, emprisonnés dans la chaleur étouffante de la fin de l'été. Des écureuils bondissaient de branche en branche, jetant un regard mauvais aux intrus. Les chênes, enfoncés dans leur rêve centenaire, se découpaient sur l'horizon comme une hallucination tellurique.

Dans les champs, les paysannes remplaçaient déjà les hommes et les chevaux, tous mobilisés ou réquisitionnés.

Je saisissais au vol des mots en français, en anglais et en allemand, quelqu'un dans la maison cherchant avec nervosité et indécision les stations sur son poste de radio. Le climat de guerre était en pleine expansion. D'une voix éraillée, les mots se superposaient les uns aux autres dans un tumulte de langues mélangées. La tour de Babel, pensai-je. Le mythe est une création continuelle. Les hommes ne se comprennent pas les uns les autres dans le chaos européen. Les voix crient aux voix, les mots sont lancés et reviennent sous forme d'échos moqueurs. Où est la langue universelle, me demandais-je ? La langue sacrée, la langue de la réconciliation, que les dominateurs avaient tenté d'étrangler. Les mots pleins de colère devenaient intolérables et je retournai dans les champs. Mais cet extrême silence me retournait les nerfs. Ici aussi, ils semblaient être palpitants et haletants. Cela me submergeait d'ondes d'une douce horreur. Un thème d'un concerto de Haydn, entendu quelques jours plus tôt, m'apporta un soulagement momentané. Le jour étouffant flambait autour de moi et la musique était une liturgie. Le temps semblait une éternité, tandis que les heures traînaient en longueur. Rentrant par le chemin bordé de lierre du vieux parc, le mot était maintenant devenu réalité : La guerre ! la guerre ! la guerre !

Maria et moi décidâmes de regagner Paris et d'attendre les événements dans l'isolement de son école. Après une journée interminable, nous trouvâmes Neuilly presque abandonné. Les maisons étaient toujours fermées pour l'été et peu de riverains étaient visibles. Je m'installai moi-même temporairement dans l'aile de l'école que j'avais quittée seulement un mois auparavant et où je m'étais abandonné à quelques méditations poétiques dans la chaleur de l'été.

Quelques Américains, Britanniques et Français se présentèrent : des professeurs de l'école, pour la plupart, certains déjà en uniforme et prêts à rejoindre leurs régiments. Le professeur d'histoire, qui laissait derrière lui un enfant désespérément malade, ne pouvait cacher ses larmes. Nous écoutions la radio. Les servantes qui travaillaient dans l'école semblaient secouées, mais décidées à en « finir une fois pour toutes ». Leurs maris étaient déjà partis. L'un d'eux, qui avait été très malade à l'hôpital, avait été évacué, sa femme ne savait où. Il n'y avait pas de destin individuel qui ne montrât déjà les signes de la blessure qui atteignait tout le continent.

Les masques à gaz étaient obligatoires, bien que le ciel de Paris fût bleu et sans nuages. De notre immeuble nous pouvions voir les ballons d'aluminium qui étaient là pour protéger la ville des avions envahisseurs. A la nuit tombante, je me promenai avec un ami de l'avenue du Roule à la place de l'Étoile. Une sirène stridente nous arrêta. Nous gagnâmes rapidement un abri — trente personnes — et attendîmes. Rien ne se passa et nous continuâmes notre promenade.

Nous voyions les Joyce constamment durant ces heures apocalyptiques et nous dînions ensemble en nos lieux favoris ou bien ils venaient à la maison. Il semblait relativement calme et voyait loin. Il parlait beaucoup de Lucia qui était maintenant à La Baule, sur la côte bretonne où elle avait été évacuée par les autorités de la maison de santé. Joyce décida de rejoindre sa fille, et lui et Nora partirent un après-midi.

Ce fut la dernière fois que je le vis.

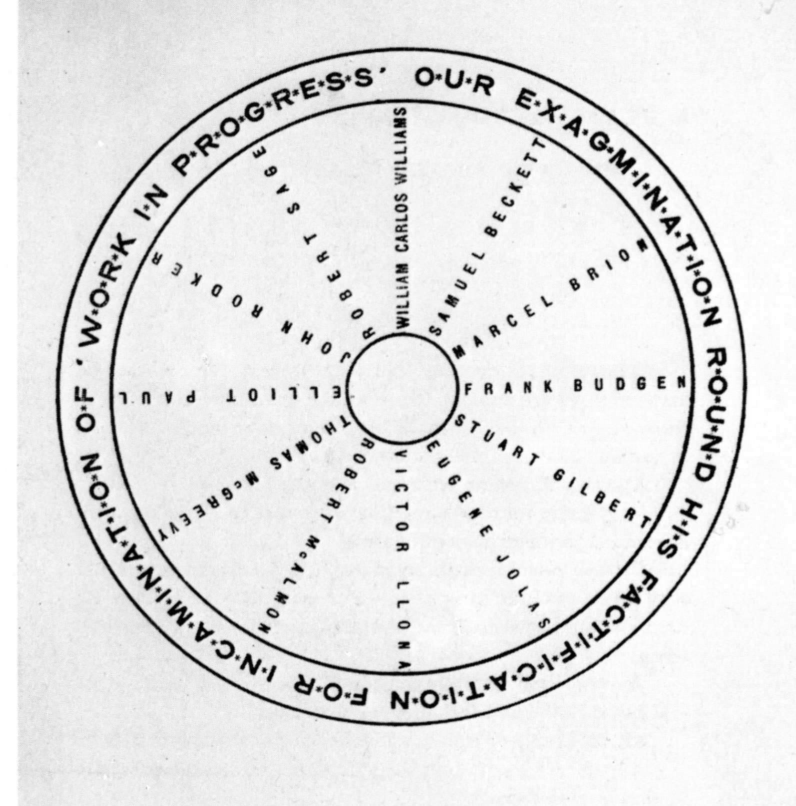


Couverture de *Our Exagmination Round His Factification For Incamination of « Work in Progress »* publié par Sylvia Beach en 1929.

## A PLAY WITHOUT ROSES

### PORTRAIT OF EUGENE JOLAS

It is out of the question that we will meet. We need not be nervous if we are anxious. They will be more than ever ours or forward. She will be a doubt of how they like so much. As much. It was well known as well acquainted.

All went all taught. All which is bit by bit.

Very much out of the question to wonder in reliability or in aggression for them physically weak.

By their remain remaining in our ride. All this in there could with all be as made as in a ride. For them duty or declare. He hunts for all. As needed kneeled and struggle for it all. Very well when.

All who came carefully came with them.

Let it be thought that they were curious.

She may be thought to be selfish she may be thought to be here.

All who can like it are nearly once in a while as they care to be sent or seen there.

For it fortunately.

Once upon a time they rose every day.

But it was a welcome duty.

200

Première page du « portrait » d'Eugène Jolas par Gertrude Stein : « A Play Without Roses » dans *Portraits and Prayers*, 1934.

la garde auxiliaire
the

~~that auxiliary, he~~ murmured full of woe : *Where maggot Harvey Kneeled till bags ? Ate Andrew coos hogdam farvel* !

Whethen, may the good people now speed you, rural Haun, export stout fellow that you are, ay, and heart in hand of Shamrogueshire ! May your bawny hair grow rarer and fairer, our own only ~~whiteheaded~~ boy ! Rest your voice ! Feed your mind ! Mint your peas ! Coax your qyous ! Good by nature and natural by design, had you but been spared to us. Hauneen lad, but sure where's the use my talking quicker when I know you'll hear me all astray ? My long farewell I send to you, fair dream of sport and game and always something new. Gone is Haun ! My grief, my ruin ! 'Tis well you'll be looked after from last to first as yon beam of light we follow receding on your photophoric pilgrimage to your antipodes in the past, you who so often consigned your distributory tidings of great joy into our nevertoolatetolove box, dearest Haun of all, you of the boots, true as adie, stepwalker, pennyatimer, lampaddyfair. Thy now paling light lucerne we ne'er may see again. But could it speak how nicely would it splutter to the four cantons praises be to thee ! For you had — may I dare to say it ? — the nucleus of a glow of zeal of service such as rarely if ever have I met with single men. There are folks still unclaimed by the death angel in this country of ours today who will fervently pray to the spirit above that they may never depart this earth of theirs till ~~up~~ his long run ~~Johnny~~ Walker comes marching ahome on the summer crust of the flagway. Life it is true will be a blank without you, a slip of the time between a date and a ghostmark from the night we are and feel to the yesterselves we dread ~~to remember~~.

But, boy, you did your strong nine furlong mile in slick and slapstick record time and a farfetched deed it was in troth, champion docile with your high bouncing gait of going, and your feat will be contested for centuries to come. Ay, already the sombrer opacities of the gloom are sphanished ! Brave footsore Haun ! Hold to ! Win out, ye divil ye ! The silent cock shall crow at last. The west shall shake the east awake. Walk while ye have the night for morn, lightbreakfastbringer, morroweth whereon every post shall full fast sleep.

and touch the light theorbo

wide-headed

a dozen of humble indivisibles in this grand continuum overlorded by fate and interlarded with accidence

in

while there are hours and days

from that place where the day begins, on that day that belongs to joyful Ireland after decades of longsuffering and decennia of briefglory to mind us of what was when and to matter us of the withering of our ways, their Janyouare Fibyouare wins true from Sylvester (only Walker himself is like Waltzer, they go murmurand)

Une page d'épreuves de *Finnegans Wake*.

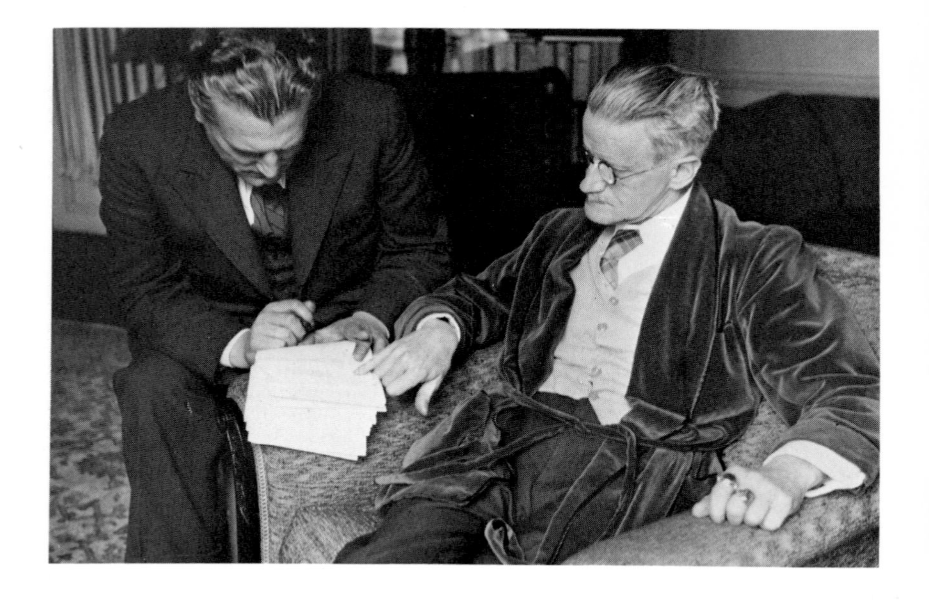

Eugène Jolas et James Joyce en 1939. Photo Gisèle Freund.

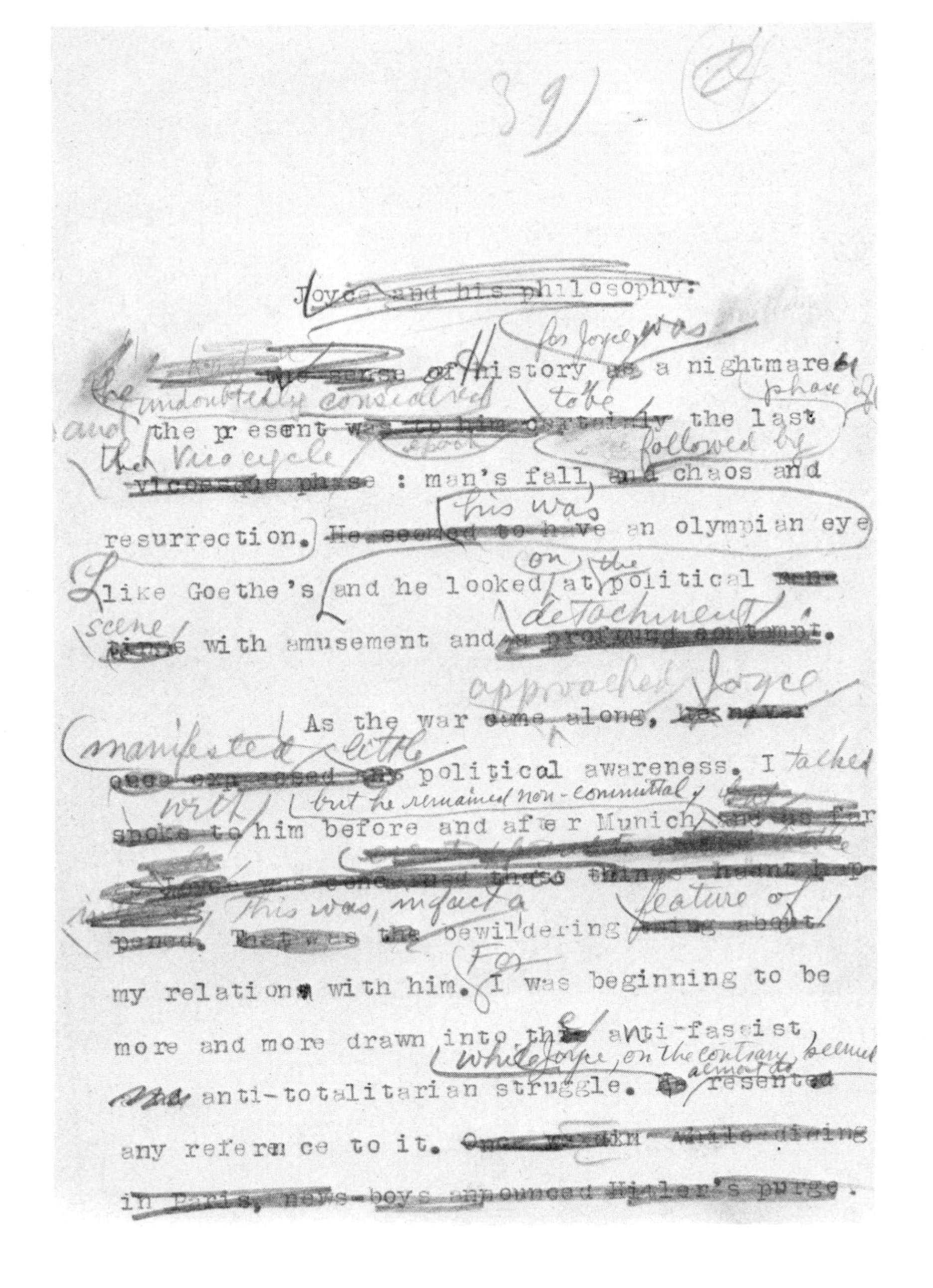

Joyce and his philosophy:

sense of history as a nightmare

the present was to him certainly the last

viconian phase : man's fall, and chaos and

resurrection. He seemed to have an olympian eye

like Goethe's and he looked at political

with amusement and a profound contempt.

As the war came along,

political awareness. I talked

him before and after Munich

bewildering

my relations with him. I was beginning to be

more and more drawn into the anti-fascist

anti-totalitarian struggle. resented

any reference to it.

Un feuillet d'un état du manuscrit d'Eugène Jolas.

James Joyce et Paul Léon.

Portrait d'Eugène Jolas au dos d'une enveloppe.

# The Mime of Mick, Nick and the Maggies

by **James Joyce** is the first fragment from **Work in Progress** to be published separately in book-form for some years.

The present part, a revised edition of the version originally published in **transition** last year, has only recently been completed by the author.
The book will contain as a unique feature an initial letter and a tail-piece in seven colours and a cover in three colours, specially designed by Miss **Lucia Joyce.**

In this cosmological fairytale of Dublin, the poet presents *in nuce* his vision of the childhood of mankind, lifting the local elements into universal relationships of Swiftian humour and magic symbolism. The revolutionary vocabulary which the poet has created reaches in the present fragment new heights of invention through his word synthesis of prehistoric, historic and contemporary mythology.

Printed with the Grotius character of S. H. de Roos:
a) in **twenty-five** signed, numbered and bound copies
**price f 20.–**
b) in **one thousand** numbered copies, paper cover
**price f 4.90**

Prospectus d'annonce d'un fragment de *Finnegans Wake* publié par *transition*, orné de lettrines par Lucia Joyce.

THE SERVIRE PRESS

has the honour to announce
the forthcoming publication of

**TRANSITION No. 23**

edited by

**Eugene Jolas**

Distributors in:
England: Faber and Faber Ltd., 24 Russell Square, London W.1
France: Messageries Dawson, 4 Rue du Fbg. Poissonnière, Paris

Prospectus d'annonce de *transition* 23.

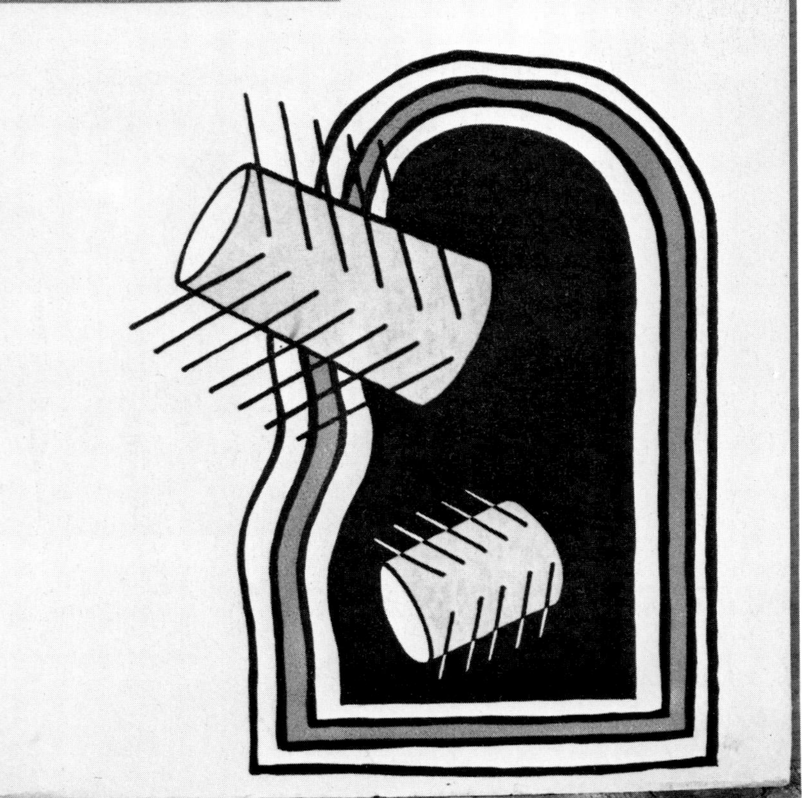


Couverture de *transition* (n° 24, juin 1936) par Fernand Léger. © Spadem, 1990.

Eugène Jolas en 1929.

Portrait de Joyce par Brancusi. Mine de plomb sur papier crème, 1929. 42 x 32 cm.

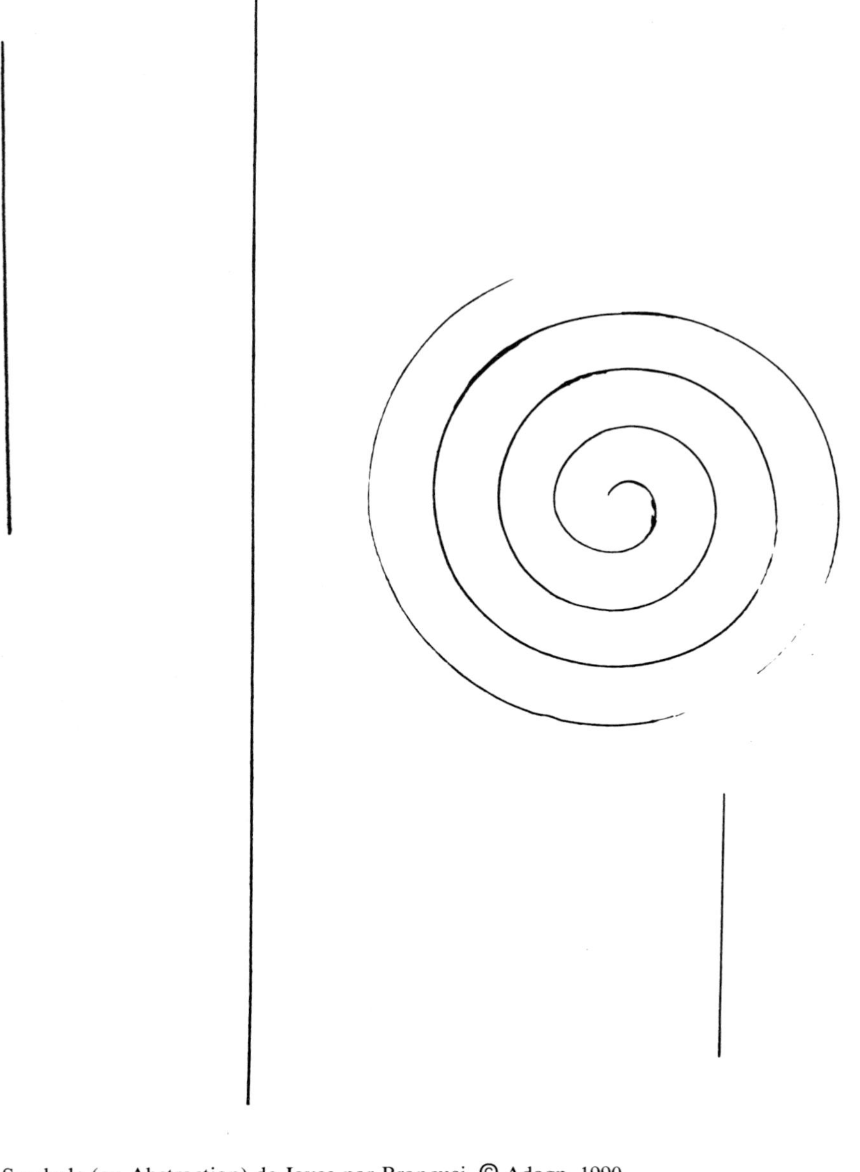

Symbole (ou Abstraction) de Joyce par Brancusi. © Adagp, 1990.
Encre sur papier, 1929.

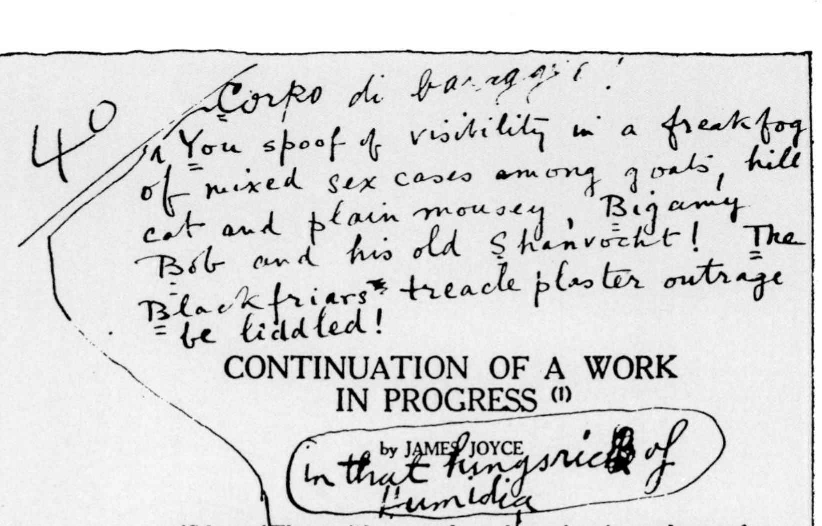

CONTINUATION OF A WORK IN PROGRESS (1)

by JAMES JOYCE

'Sdense! Therewith was released a poisoning volume of cloud indeed. Yet all they who heard or redelivered are now as much no more as be they not yet now or had they then notever been. Canbe in some future we shall presently here the zitherer of the past with his merrymen all, zimzim, zimzim. Of the persins sin this Eyrawyggla saga (which is from tubb to buttom all falsetissues, antilibellous and nonactionable and this applies to its whole wholume) of Osti, quite a musical genius in a small way and the owner of an exceedingly niced ear no one end is known. *Ei fu.* A'Hara, crestfallen by things and down at heels at the time, they squeak, accepted the (Zassnoch!) ardree's shilling at the conclusion of the Crimean war and, having flown his wild geese, enlisted in Tyrone's horse, the Irish whites, and soldiered a bit with Wolsey under the assumed name of Blanco Fusilovna Bucklovitch (spurious) after which the cawer and the marble halls of Pump Court Columbarium looked upon each other no more for it transpires that on the other side of the water it came about that on the field of Vasileff's Cornix inauspiciously with his unit he perished. *Booil.*

(1) The first two installments of Mr. Joyce's new work appeared in the April and May numbers, respectively, of *transition*.

— 32 —

Ultimes interventions de Joyce sur les quatrièmes épreuves de *transition* 3, juin 1927 (réf. Drafts : 47475-111v).

# TRANSITION

40 RUE FABERT

PARIS (7E)

EDITED BY

EUGENE JOLAS AND ELLIOT PAUL

First number, appearing March 15, 1927, will contain work by JAMES JOYCE, KAY BOYLE, CARL STERNHEIM, HJALMAR SODERBERG, GERTRUDE STEIN, MARCEL JOUHANDEAU, ROBERT M. COATES, LUDWIG LEWISOHN, EVAN SHIPMAN, HART CRANE, GEORG TRAKL and others.

Other contributors for subsequent numbers include: SHERWOOD ANDERSON, PHILIPPE SOUPAULT, JEAN GEORGES AURIOL, PAUL ELDRIDGE, MAX ERNST, VIRGIL GEDDES, ROBERT ROE, BERNARD FAY, YVOR WINTERS, BURTON RASCOE, GEORGE ANTHEIL, aud PAVEL TSELITSIEFF.

The entire contents of the review will be in English, with the work of contemporary writers of all countries given in translation. TRANSITION will have no political or sociological tendencies and no literary or artistic formulae will be applied to contributions other than the Editors' personal standards of excellence.

*Subcriptions should be mailed to TRANSITION, 40 Rue Fabert, Paris (7e), or through your own book-store.*

*Principal Agents: Brentanos, 1 West 47th Street, New York City.*
*Shakespeare & Co., 12 Rue de l'Odéon, Paris-6e.*

Subscriptions: 5.00 dollars per year (12 copies) America.
100.00 francs in France.
125.00 francs elsewhere in Europe.
Single copies 50 cts. in America, 10 francs in Europe.
*(Personal checks, bank-notes or money-orders accepted.)*

We should greatly appreciate your sending us the names and addresses of any book-stores or persons you think would be interested in such a review.

Feuillet annonçant la parution du premier numéro de *transition*.

Sylvia Beach au seuil de la librairie de prêt « Shakespeare and Company »,
8, rue Dupuytren.

Eugène Jolas

# *DEUX MANIFESTES*

*1929-1932*

## PROCLAMATION : LA REVOLUTION DU MOT

Las du spectacle de nouvelles, romans, poèmes et pièces toujours sous la coupe de l'hégémonie du mot banal, de la syntaxe monotone, de la psychologie statique, du naturalisme descriptif, et désireux de cristalliser un point de vue...

Nous déclarons que :

1. La révolution dans la langue anglaise est un fait accompli.

2. L'imagination en quête d'un monde fabuleux est autonome et illimitée.

(*La prudence est une vieille fille riche et laide courtisée par l'Incapacité...* Blake)

3. La poésie pure est un absolu lyrique qui cherche une réalité a priori à l'intérieur de nous-même.

(*Sortez nombres, poids et mesures en cas de disette...* Blake)

4. La narration n'est pas simple anecdote, mais la projection d'une métamorphose de la réalité.

(*Assez ! Ou trop !...* Blake)

5. L'expression de ces concepts peut s'obtenir seulement à travers la rythmique « hallucination du mot » (Rimbaud).

6. Le créateur littéraire a le droit de désintégrer la substance première, les mots qui lui sont imposés par les manuels et les dictionnaires.

(*La route de l'excès conduit au Palais de la Sagesse...* Blake)

7. Il a le droit de recourir à des mots qu'il a lui-même façonnés et de ne pas se soucier des lois grammaticales et syntactiques existantes.

(*Les tigres de la colère sont plus avisés que les chevaux de l'instruction...* Blake)

8. La « litanie des mots » est admise en tant qu'unité indépendante.

9. Nous ne nous soucions pas de la propagation d'idées sociologiques, sauf pour libérer les éléments créateurs du poids de l'idéologie actuelle.

10. Le temps est une tyrannie qui doit être abolie.

11. L'écrivain exprime. Il ne communique pas.

12. Au diable le lecteur ordinaire.

(*Au diable les liens ! Vive la détente !...* Blake)

Signé : Kay Boyle, Whit Burnett, Hart Crane, Caresse Crosby, Harry Crosby, Martha Foley, Stuart Gilbert, A.L. Gillespie, Leigh Hoffman, Eugene Jolas, Elliot Paul, Douglas Rigby, Theo Rutra, Robert Sage, Harold J. Salemson, Laurence Vail.

---

Paru en anglais dans la revue *transition* en 1932 (n° 21). Traduction de Marc Dachy.

## LA POESIE EST VERTICALE

(1) Dans un monde régi par l'hypnose du positivisme, nous proclamons l'autonomie de la vision poétique, l'hégémonie de la vie intérieure sur la vie extérieure.

(2) Nous rejetons le postulat selon lequel la personnalité créatrice serait un pur facteur de la conception pragmatique du progrès, et sa fonction la configuration d'un monde vitaliste.

(3) Nous sommes contre le renouveau de l'idéal classique, parce qu'il mène inévitablement à une conformité décorative réactionnaire, à un sens factice de l'harmonie, à la stérilité de l'imagination vivante.

(4) Nous croyons que les forces orphiques doivent être protégées de la détérioration, quel

que soit le système social qui triomphe en fin de compte.

(5) La volonté esthétique n'est pas la loi première. C'est dans l'immédiateté de la révélation extatique, dans le mouvement a-logique de la psyché, dans le rythme organique de la vision que l'acte créateur advient.

(6) La réalité de la profondeur peut se conquérir par une conjuration médiumnique volontaire, par une stupeur qui procède de l'irrationnel vers un monde au-delà d'un monde.

(7) Le « je » transcendantal avec ses stratifications multiples remontant à des millions d'années est relié à l'histoire entière du genre humain, passé et présent, et ramené à la surface avec l'irruption hallucinatoire d'images dans le rêve, le rêve éveillé, la transe mystique-gnostique, et même la condition psychiatrique.

(8) La désintégration finale du « je » dans l'acte créateur est rendue possible par l'utilisation d'un langage qui est un instrument divinatoire, et

qui n'hésite pas à adopter une attitude révolutionnaire envers le mot et la syntaxe, allant même jusqu'à inventer un langage hermétique, si nécessaire.

(9) La poésie construit un lien entre le « je » et le « vous » en faisant remonter les émotions des profondeurs telluriques, enfouies, vers l'illumination d'une réalité collective et d'un univers globalisant.

(10) La synthèse d'un collectivisme véritable est rendue possible par une communauté d'esprits qui tendent à la construction d'une nouvelle réalité mythologique.

Hans Arp, Samuel Beckett, Carl Einstein, Eugène Jolas, Thomas McGreevy, Georges Pelorson, Theo Rutra, James J. Sweeney, Ronald Symond.

---

Paru en anglais dans la revue *transition* en 1932 (n° 21)
Traduction de Marc Dachy.

Eugène Jolas

*Poèmes extraits*

*de*

# *MOTS-DÉLUGE*

*Hypnologues*

*1933*

## LE TROISIEME ŒIL

### VII

bientôt nous serons seuls avec les tambours
et la mort ne nous fera plus de peine
nous fleurirons dans les rosetubes dans le
   chatdent
nous chercherons une grande pitié dans les
   ravinsmystères
le silence des moussetombes couvrira les amants
le cerf s'agenouillera en attendant l'hiver

### VIII

le soleil est enterré dans la syntaxe primaire
il y a une multitone de sonfleurs
que ferions-nous avec nos fruitiers de serin
si nous ne trouvions pas nos chansonschagrins

## IX

je vois toute l'histoire je vois tu vois
nous voyons le coucherêve dans la funabolaine
l'heure se fond comme la neigeade des
  avantmonts
tu n'es plus que le magigot des sauriens
tu es l'homme à la hache de mallagrompe
tu es le géant drummedrumedra et mammedriga
je suis tu es nous sommes

## XVII

dans cet univers d'aigres horizons il y a la
  nuithoule
je cherche l'alchimie dans la pluietempête des
  machines
le voyage des mensonges est balayé par les
  émeutes
le réveil de l'esprit blesse la tyrannie des masses
on regarde la lutte des horloges dans le
  fleuveabîme
les blasphèmes se ruent contre les murailles de
  marbre

et les certitudes s'effritent dans un tremblement
de peur

## XVIII

le dernier nomade des étoiles est à la lisière du
mot évohé
du mot ivresse du mot évasion du mot révolte
le vocabulaire assassine les chevaux de bois
et arrache la robe de la chair luisante de nos
hontes
la grammaire de l'enfant rétablit l'époque
glaciaire
c'est l'âge des mères d'avant le feu de la tour
de babel
c'est le sommeilopium des paradisiarques

## MUSIQUE DU SUJOBJET

### II

Quelle musique mothergoose ! La jeunesse écoute les mélodies des arbres. L'insecte mord le cœur des communiants, et s'accroche au chant de vie avec un solfège triomphal, avec la faillite du petit bourgoisin. Le baiser des corps tordus étouffe la brumade. Nos voix gutturales agacent les transports. Les prunelles mugissent et s'exaltent. Je descends dans les abîmes. Je suis possédé par la détresse du cœur nu. Nous sommes deux à trouver la brûlure. Les spasmes attendent les huiles, et il n'y a plus de transes dans les imprécations de l'amour.

## III

Il fait feu dans nos rêves. Nous jouons avec les paysannes brumeuses. Leurs corps de lézard se tordent. Leurs lèvres écument des flammes. Elles dansent sur nos têtes. Elles crient à haute voix dans le jardin de lierre. Venez tous-vous qui êtes trop las et trop tristes. Nous vous donnerons la terre maudite, la terre des racines rouges. Le vide ne suintera plus.

## V

Le beau chaos est loyal. On entend tous les airs des kaladots. Les hommes égarés dans les mauvaises herbes chantent. Il y a une grande kermesse de sataneries. Ils chantent une chanson populaire et baaléophage. La cérémonie se déroule sauvagement avec les blasphèmes cataleptiques dans les forêts des démons rouges. Tous les fantômes dansent. Ils se ruent l'un sur l'autre. Ils entonnent un chœur de malafores. Ils restent dans la mutilation de leurs maléfiques ardeurs.

## NUITADE

### I

le corps de femme éclaire la nuit
l'enivrement du silence s'égare
dans les hantises involontaires du sommeil
because we have not yet spoken together
les feux follets de ses yeux fuient
the destinies of a singsong spring
le sentier de l'enfance meurtrie aboutit
à une lumière d'orage et de miracles
the rain dripdrips along the wall
par instants je regarde son visage en repos
un sourire révèle un rêve solaire
qui esquive le combat des grimaces
dans le fond de ses yeux
je vois l'éclair de mystères sauvages
a shimmer rises from the mist
derrière la mascarade de ses paupières

## II

celle que j'aime me dit un soir
it is difficult to be happy
je revois la rue de la ville morte
la mer était héroïque
une barque immobile s'attendait à une immense
aventure

*

maintenant le mausolée d'un cauchemar
enferme sa voix de ténèbres
the clock is full of memories in bric-à-brac
l'heure morte vient avec des ombres raides
la ville a enterré tous ses chagrins
all sorrows hide in the catacombs
ainsi se tait l'ancien combat
sans chercher à dégonfler le dormeur
without looking to the right or to the left

*

chaque fois que j'entends un gémissement
je pense à la flamme de cette inquiétude
qui ne cesse de ravager le souvenir
des silences de tristesse

## IV

son horizon taciturne se ride
je voudrais m'endormir
je voudrais parcourir avec elle le tunnel du
  songe
où elle rencontre les images de ses blessures
qui revivent sans aucun scrupule
un orient millénaire
un orient de flammes et de temples
qui revivent un incendie de lèvres
après le massacre du vide

## V

où serons-nous dans l'inépuisable nuit
when the last bonds have been broken
les puissances en courroux nous évitent
l'aventure nous pousse vers un gouffre de
  musique
les mères nous attendent
les mères des violences primitives
il y a une route haute qui mène
vers les cavernes de signes de merveilles
vers les instincts en délire

# HYPNOLOGUES DE L'ÉMIGRANT

## I

La bête sonore

La souffrance change ce jour de pluie en algues, et j'abats les fleurs de la cour antique.

Mais où suis-je ?

Le paquebot diabolique cache la femme aux yeux de crise, et la falaise tient le signal du départ.

Pendant toute une nuit de lune, elle mettait le feu à mes années printanières. C'était un cœur fusillé qui attendait devant la porte le balbutiement des singes.

Le corps de soie n'avait aucune patience, et les larmes coulaient très tendrement.

Capsules manichéennes.

Je cherchais les puissances du minuit lumineux que j'avais oublié dans l'hypnose des sorciers.

Les péripéties dédaignaient l'étranglement. Un rire maudit la langue du supplicié.

Le récit de la tourmente près de la banquise nous vint comme un disque. Sur Saturne il y avait un lambeau cisaillé que je ne reconnaissais pas.

Mais la mer haletait, et la danse des vierges aux petits seins avait pris fin, lorsque la catalepsie des mouettes inaugura les Mille et Une Nuits.

La maladie allait en augmentant et la fièvre tonnait. Les planètes tombaient, une par une, sur mes grâces ensevelies.

Le coton, les trains aériens, le mouvement du vertige dans les espaces électriques ont-ils trahi vos rêves ?

Et la peur dans la salle de police ?

Et la rage de votre regard d'enfant ?

Avez-vous démoli la ville sans auréole, lorsque la douleur commença à envahir les hommes souterrains ?

## III

Le courant des insectes est très doux dans ce pays où le talon du révolté a passé il y a longtemps.

Dans cette maison du monde enterré, il faut oublier les insanités des jours tombés dans la mer.

Nos films connaissent l'heure irisée d'une hallucination.

Je me rappelle les aubes qui étaient les testaments de nomades et les minuits qui tonnaient avec un rythme de nègres en quête de l'envoûtement.

Les marteaux étaient loin de nous. Les cris des esclaves s'étaient tus, et les soirs étaient des chansons indigènes aux images d'enfants.

Je pense aux plantes sous-marines, qui tremblent en entendant l'écho du volcan sous la pleine lune.

Alors je remarquai les hommes armés de serpes à raisin qui me poursuivaient dans l'anesthésie de mon sommeil. Vous étiez plus forte que moi, et vos mains bénissaient doucement le hurlement de la troupe ambulante.

Les courroies de transmission s'arrêtèrent tout à coup, empêchées par les sinistres pensées qui arrivaient comme une pluie d'hiver. Le Mississipi grondait une litanie de terreur.

La belle haine sortit de la chevelure.

Pourtant la lune décroissante me donne beaucoup à réfléchir quand mes faims me poussent vers le printemps ivre de mon air d'aluminium.

Il faut bâtir l'hacienda, où les racines pensent à l'enfant et où le vin s'achève en des fables de calendrier.

## SATURNE ET LA MONTAGNE

### VII

Un mot lourd passe à travers les fissures du
rocher.
Je ne peux pas quitter la trace de ta figure
appuyée contre la vitre.
Un cri d'enfant monte d'une hutte dans la vallée
et atteint le toit.
Tu dis, on n'oublie pas les petits mots éteints.
Nous sommes seuls avec la nomade-étoile, et
nous déchirons les raisons des pendules.
La branche d'un chêne grince en frissonnant.
L'écho d'un regard fugitif nous poursuit dans
un crépuscule de peur.

## OCCIDENT

### I

Nous nous sommes réfugiés
Des chagrins
Mais oui oui
L'analogie crie
Débris
Débris
Les hommes crient
Fait-il noir si les
Vers s'obstinent
Etres soumis
Indifférent
Ce sont aux chirurgiens
Ainsi marcher dans la ronceraie
Avec ou avec non
Orties
Non non

Il fait très noir
Il fait brouillard
Les mensonges pleurent
S'agitent froids
A force d'être faible
Nous je tu servirai
Les crépuscules attendent
Glaciaires
Oui oui
Débris
Tintamarre des gestes
Syllabes décapitées
La danse et
La danse et le triangle
Où sont l'apex
Non non
L'espace ne s'étrangle
Eveiller oui
Oui oui oui
Ce sont la peur
Le la lui leur
Oui et oui
Débris
Pourquoi non
Le craquement fébrile
Les fissures de midi

Si cela ne sont pas clair
Les tutoyants
Non non
Avoir au moins
Tiens
Droit de cité
Oui oui

## III

A l'orée des villes
Les vagabonds savoir
La pierre chante fusil
Non mais à nous
La liberté de chez nous
Oui
Débris
Et non et non
Bâtir notre vie
Sur faux couleurs
Les lambeaux se désolent
Quant à la bataille à
Quand la bagarre des insectes
Débris
Les maisons mort vitesse

Parions que non et
Bientôt dans le
Il ne faut pas m'en volonté
Embrassez-la sans lire
Ça va sans délire
L'allégresse des paradoxes
Non alors sans tréfaillance
A quoi bon nous êtes
Sans aucun douteuse
Finies les fausses notes
Finies les bons sens
Epouvante blanchie à la chaux
Sommes-ils engloutis
Catastrophons-nous
Oui oui
Et les
Débris
Ecoutes-vous les fables
Les bardes et non
Vous mourons
Oui et non
Non et oui
Vous meurent
Débris

## IV

Oui oui
Langue de pigeon
Roucoucou
Attendez-nous
Réflexion
J'entends des mots
Du jour
De la nuit
Débris
L'aube n'a pas raison
Les fatigues des voyageurs
La liberté en courroux
Les conjonctions citadines
Enfin oui
Débris
La porte est ouverte
Mais
Assez de vos piqueniques
Les fausses notes
Sans hallucination
Ennuyez-nous
Les masses vous guettent
Elles courent les rues
Mais les ailes flottent
Les mots se fondent

Doucement
Orgues de peur
Elles annoncent la mort
Oui oui
L'agonie a commencé
Le bâillement
Le râle
La raison râlent
Oui
Débris
Oui

## VI

Il fait
Déluge
Déluge
Déluge
Déluge
Déluge
Déluge
Déluge
Déluge
Déluge
Déluge
Déluge

## XIV

Le village se penche sur la tempête de papillons. The humming-birds swirl over cactus. L'orgie de voix ivres se rue sur un conte de fées qui défaille sous la force des hiéroglyphes. Les étoiles tombent dans les instruments de musique et dans les cheveux ébouriffés de jeunes filles en feu. Les écluses se jettent sur les toits et les cascades ne peuvent pas se rappeler le voyage de leur enchantement. Un sommeil lourd chasse les larves. Nous entendons le fracas du sang et le tonnerre de légendes ensevelies.

## XV

I go down with buccaneers into the deepest night. Je souris aux barbarismes de ma nostalgie.

Je vois les initiales de paroles crépusculaires. C'est la grammaire de minuit qui heureuse les orties du jardin où les oiseaux blue-jaunes se sont réfugiés. Les arbres luisent avec un enchaînement de têtes de sortilèges. What is this voice ? Nous avons assez des commis-voyageurs qui protestent contre la rage des rythmes. La voiture-fusée explose comme un sanglot d'enfant avant l'aube. Les proverbes meurent dans l'espace. Les syllabes tombent comme des queues de lézard, et je suis seul dans une solitude qui attend la tempête.

## XVI

Les murailles nocturnes du quai rose basculent. Le bateau n'est plus guirlandé, mais une chanson se cristallise dans les beaux corps. I am in a timeless world. Nous traversons un abîme d'astres. Les paroles hérétiques déversent de l'or sur les visages de jeunes filles en robe de frénésie. La musique s'hallucine. C'est un vertige de basses profondes. Les pieds sont somnambules. Les cheveux montent comme une fumée.

## XVII

Nous nous plongeons dans une fiole de chimie. La tempête de roses se change en séisme. Les plantes géantes se recueillent comme des femmes amoureuses. There is a wilderness of song. L'alchimie se réveille sur une pierre rose et le lac siffle dans un rythme de cuivre. L'enterrement des idoles a lieu avec une musique de textes trouvés dans le sous-sol rouge.

## XVIII

Je ne suis plus inquiet. Les bananiers tintent comme des cloches, et les bêtes baroques s'enfouissent dans les broussailles. A blue shadow dreams of musicians and acrobats. Dans les cannes à sucre on voit les troupeaux du sommeil. Un vent court après une jambe nue. La chaleur palpe les maisons en bois et l'alcool attend un spectacle de l'absolu. Une jeune créole chante doucement sous l'orage des feuilles une chanson ruisselante de mots que les magiciens ont inventés. Elle est soumise à la convulsion de son sang. The afternoon sinks into a daydream.

## XIX

Dans les profondeurs de la mer de larmes les créoles cherchent un cœur perdu il y a dix mille ans. Mais les requins n'ont rien laissé aux calculateurs, et les étrangers parlent comme de grands enfants. Du haut en bas les signaux descendent et trébuchent au seuil d'une tendresse. Los hombres rojos dansan. Toute la nuit on entend une femme qui pleure. What is the riddle ? Elle regarde les oiseaux de rubis et attend un destin sourd. Nous voyageons vers les ports d'un royaume rouge qui fleurit sous le règne d'un bolide.

## XX

Los vampiros buscan la sombra. Nous ne sommes plus dans la possession des remèdes. La flore s'élance vers les abîmes d'un astéroïde, et les dieux marchent ivres à travers les paysages de basalte. C'est la grande danse mythique qui commence dans nos cerveaux. On sent l'approche d'une aile séraphique. Les percussions des époques tonnent. The forest decomposes the horizon of pain. Nous restons près du fleuve avec un frémissement de carnaval. Dans l'hymnologue d'un oiseau nous sentons le crissement de lunes qui tombent, de mers qui ragent, de montagnes qui se ruent vers un déluge du sommeil.

## XXI

The world is still at ease. Les femmes dansent dans la volupté de la terre. Les requins glissent dans une carapace de soie. Il y a aussi des poissons volants qui jouent du violon à l'heure aurorale et qui s'évaporent comme des cors de chasse. The world is at ease. Je suis pris au lasso par les araignées d'étoiles. Las canciones dicen adios. Le stratagème de la tierra caliente se dessine peu à peu sur les algues et sur les fleurs géantes. Nous attendons la tige du miracle. Un dieu de la vie féroce flambera dans les vallées. Nous entrerons dans un âge d'hallucinations.

## XXII

Les visages aimantent les idylles. On voit arriver une cargaison de drames anciens qui auront un épilogue de soubresauts. Les fleuves se moquent de la liberté bâillante. Traveller, you are alone. Is the road long ? Les chagrins cheminent vers l'océan avec des complexes freudiens et avec des indignations pathogènes. Les arbres récitent des odes. Les nomades poursuivent la danse de Saint-Guy sous les toits des insectes tournoyants. Un arlequin découvre la solution du mystère des fanaux roses en éveillant une musique de marimba en rage. The nightworld begins with a revolution.

## XXIII

Nous allons bâtir une villetour de sueños. We will build a towercity of stupor. Chthonian thunder cracks and wracks the hearts of gold. Marées de nos dieux, pourquoi les cantiques sont-ils engloutis ? Je ne veux pas de cette chanson de nickel. Les hommes et les femmes de chœur portent des livres d'amour et stand in a shaft of kleiglight. La villetour grandit. Soon we shall be near the stars. Somnambule we work. L'enfer du rêve éclaire les shillersilences of the gammes. O Welt der Unternacht, wie bist du krank ! Les stades chimériques n'ont pas de saisons and the oriflammes surround the vultures in the heather of the sky. Le bruit des papillons de la mort féroce apaise la colère de l'intelligence astrale. Qu'allons-nous faire dans cette éclipse prodigieuse ? Les intrus se bousculent dans le temps. The violins change into harps and a wondersonant liturgy snows on the children of the red earth. L'extase de larmes affronte l'invention de la race invisible. La morada encantada appelle les psalmodies. Nous attendons les mélodies de la pyramide lunaire. Nous assistons à l'écrasement de dogmes moribonds. Bientôt notre ciel sera titanien.

# BIBLIOGRAPHIE

# DES OUVRAGES D'EUGENE JOLAS

*Cinéma,* poems, intr. by Sherwood Anderson, New York, Adelphi Company, 1926.

*Le Nègre qui chante,* chansons traduites et introduites par Eugène Jolas, Malakoff, Éd. des Cahiers Libres, 1928.

*Secession in Astropolis,* Paris, The Black Sun Press (Harry and Caresse Crosby), 1929.

*The Language of Night,* La Haye, The Servire Press, Transition series n° 1, 1932.

*Epivocables of 3,* Paris, Éditions Vertigral, 1932.

*Hypnolog des Scheitelauges,* Éd. Vertigral (René Riff), 1932.

*Mots-déluge,* hypnologues, Éd. des Cahiers Libres, 1933.

*I Have Seen Monsters and Angels,* Paris, Transition Press, 1938.

*Vertigralist Pamphlet,* Transition Press, 1938.

*Vertical,* Paris, Éd. Sagesse, sans date.

*Planets and Angels,* English Club of Cornell College (n° 14), edited by Clyde Tull, Mount Vernon, Iowa, 1940.

*Vertical,* A Yearbook for Romantic Mystic Ascension, edited by Eugène Jolas, published by The Gotham Bookmart Press, New York, 1941 (contient notamment : *Verticalist Manifesto,* by Eugène Jolas, 1941).

*Wanderpoem or angelic mythamorphosis of the city of London,* Transition Press, 1946.

Articles dans la revue *Critique* :

— « Elucidation du monomythe de James Joyce », n° 26, juillet 1948.

— « Novalis ou le Romantisme blanc », n° 44, janvier 1951, p. 3-15.

— Note de lecture des « Dichtungen » de Georg Trakl, n° 49, juin 1951.

— « Ernst Juenger et le crépuscule du nihilisme », n° 54, novembre 1951, p. 937-945.

Collaborations aux revues : *Poetry* (juillet 1939, octobre 1940), *Partisan Review* (n° 8, 1941).

Traductions :

*Alexanderplatz Berlin, The Story of Franz Biberkopf,* by Alfred Döblin, New York, The Viking Press, 1931.

## Crédits photographiques

Page manuscrite d'Eugène Jolas, portrait d'Eugène Jolas par D.B. (auteur non identifié), feuillets d'annonce et couverture de *transition* (photo Jacqueline Hyde) : reproduits avec l'aimable autorisation de Betsy et Tina Jolas. Portrait de Joyce par Brancusi : Poetry-Rare Books Collection, State University of New York at Buffalo et Archives *Luna-Park*. « Symbole de Joyce », 1929 : Collection privée. Page d'épreuves de *Finnegans Wake* : Photo Gisèle Freund. James Joyce et Paul Léon, Sylvia Beach sur le seuil de sa librairie : Archives Marc Dachy. Epreuve de *transition* (réf. : 47475-111v) : extrait de The James Joyce Archive, *Finnegans Wake*, A Facsimile of Drafts, Typescripts & Proofs, New York & London, Garland Publishing, Inc. Copyright 1978 The Trustees of the Estate of James Joyce.

Achevé d'imprimer le 18 janvier 1990
dans les ateliers de Normandie Impression S.A.
61000 Alençon

N° d'éditeur : 12024
N° d'impression : 892679
Dépôt légal : janvier 1990